本研究受北京市教育委员会资助，项目名称为"基于精细测绘的北京东沟长城保护研究"，编号SQKM201510016001
本书出版受"北京未来城市设计高精尖创新中心"资助

历史重塑与价值传承：
昌镇居庸路长城的营造与保护

王兵　著

中国建筑工业出版社

前言：现代勘测数据如何解开历史文献的谜题

对长城的兴趣与关注始于"八达岭古长城"历史身份的疑问。该段落坐落于延庆区八达岭长城与石峡长城之间，因毗邻的村庄得名，一直被称作东沟村长城。2000年开放时称"八达岭残长城"——这既拓展了八达岭长城开放段的长度，也体现了长城的不同风貌。宣传中，该段落被描述为李自成"闯王破关处"。矛盾的是，"长城—石峡段"的说明碑，也声称该处为"闯王破关处"，并且提及河北梆子《三疑计》。查得此戏剧内容及改编剧目《双错遗恨》，以及京剧、评剧、越剧的改编剧目《拾绣鞋》，荀慧生改编的《香罗带》，故事中的人物、地点与历史中的人物和地理位置都有极大出入。这种附会的背后，是对明长城真实历史和文化价值的掩盖和抹杀。

整体而言，挖掘长城真实的历史是对其进行研究、保护、展示利用和价值阐释的基础与关键。东沟村长城是北京区段明长城寂寂无闻和佚名的典型样本之一，这类隘口既是"沉默的大多数"，又被冠以新名而讲述着种种传说和本不属于自己的故事。虽有"关公战秦琼"的热闹，却也失去了历史的严肃性与大音希声的庄严感。这类佚名段落承载着明长城著名段落所不能完全涵盖的历史、空间布局、建造技术和文化价值与内涵，其展示与阐释既构成了整个地区的基调，又体现了自身的特点，更说明了明代长城每段都有名称、每段都十分独特的史实。对"八达岭古长城"的身份探究与价值挖掘，亦即对延庆区明代砖石长城隘口名称、位置与范围的考证，引发了一种思考，即长城中"普通段落"的价值挖掘与阐释应该采取什么样的策略、展示什么样的内容、阐释哪一层级的意义，从而达到全面挖掘与阐释中国长城真实历史与整体价值的目的，为保护与有效利用提供"真实性"方面的指导。

对这一问题的回答隐含着一把打开长城问题新研究大门的钥匙，即为明长城隘口位置与范围的真实历史重建提供了一种新的研究视角，由八达岭、石峡等著名段落向佚名的普通段落推进，从而重建长城整体的知识架构，为价值挖掘与评估、展示阐释、维修保护和开放利用提供基础，对北京乃至全国其他同类项目有着重要参考意义。

清晰地讲述每段长城的历史与故事是最好的传承。现代详细勘测与调查记录为破解历史文献中的谜题提供了可能。自2007年，由国家文物局和国家测绘地理信息局组织并实施了长城资源调查，北京建筑大学长城调研团队全程参与了延庆区长城资源普查，获得了长城长度、形态、分布、保存状态的几何学测量数据、照片和长城测绘图纸等一手资料。这些通过现代手段获得的数据与资料，科学定义了总长为8851.79km[1]的中国明长城的每一寸。其中蕴含的长城选线与营造理念、构筑与地形地貌的互动、隘口分布与间距规律等，与近年来快速发展的长城考古一起，为解读历史文献提供了新工具与方法。

笔者在意大利留学期间是本书全景式研究视角、掌握精确测绘技术和成果形成的重要时期，书中内容切实融汇了从历史考证、营造研究、劣化分析与保护维修到展示利用与价值阐释的各个部分。本书研究方法强调文献与实地勘测及考古相互验证的"二重证据法"，对照明清地理志与延庆区明长城资源普查的数据，分析与提取墙体与敌台形制、分布、位置、距离等信息，整合北京市延庆区明代砖石长城，即明代昌镇居庸路治下的长城隘口名称与位置的历史与现状，从而确定延庆区砖石长城的历史、分段与范围，充分挖掘与揭示其蕴含的价值。微观上选取坐落于北京市延庆区西南的两座空心敌台（延庆104号、105号，国家编号分别为110229352101170104、110229352101170105）和其间墙为研究对象，通过三维激光扫描、摄影测量和传统手工测绘相结合的方式完成几何学测量，对其营造信息、残损与劣化进行科学记录与量化分析，对其修缮与保护利用及向公众开放的展示设计做了相应的探讨。该部分的研究视角借鉴了国际的理念、方法、技术和相关标准，为我国建筑遗产保护提供一种参照与可能。

本书宏观研究厘清了微观研究段长城的历史身份与建造时期；微观研究也为宏观研究提供了新的角度与内容，从营造信息的角度明确了延庆区砖石长城的具体历史特征与组织方式。这些研究都为保护工程的实施和建筑遗产管理提供了依据。本书全景式研究为北京长城的保护利用提供了整体视角和总体高度，也定义了各环节的衔接关系和进程次序。宏观与微观的相互支撑，历史与当下的互相渗透，是讲好中国故事的必要条件，真正做到"让文物活起来"。

感谢北京建筑大学建筑遗产研究院、北京长城文化研究院常务副院长汤羽扬教授一直以来的支持与鼓励；感谢北京建筑大学延庆区长城资源调查项目组熊炜等队员的辛苦付出；感谢意大利马尔凯理工大学 Fausto Pugnaloni 教授、Gabrielle Fangi 教授、Giovanni Issini 研究员及同事们在数据分析与测绘方面的指导与帮助；感谢佛罗伦萨大学的 Maurizio De Vita 教授、Giorgio Verdiani 教授在建筑测绘、病害分析、保护设计方面的指导；感谢北京北建大建筑设计研究院有限公司测绘分院各位工程师的付出。

---

[1] 国家文物局. 明长城[M]. 北京：文物出版社，2012：14-15.

目录

前言：现代勘测数据如何解开历史文献的谜题 ———————————————— 3

第一章　北京市延庆区明长城的形态、历史与影响因素 ———————— **001**
　　一、延庆区明长城军事防御系统的分布与特点 ————————————— 002
　　二、延庆区明代砖石长城的历史形成过程与形态 ———————————— 003

第二章　延庆明代砖石长城隘口的历史与现状 ———————————— **006**
　　一、延庆砖石长城的历史记录 ——————————————————— 006
　　二、延庆明代砖石长城的现状调查与数据分析 ————————————— 010

第三章　延庆明代砖石长城隘口的考证 ———————————————— **018**
　　一、延庆明代砖石长城的隘口位置初步确定 —————————————— 018
　　二、延庆明代砖石长城"地点待考型"隘口的研究与考证 ———————— 026

第四章　延庆明代砖石长城隘口的起始范围 ————————————— **042**
　　一、延庆明代砖石长城隘口的起止点及范围 —————————————— 042
　　二、延庆明代砖石长城隘口的特点 ————————————————— 055

第五章　延庆明代砖石长城空心敌台的类型与分布 —————————— **061**
　　一、空心敌台的设计原型及来源 ——————————————————— 061
　　二、空心敌台的建设 ——————————————————————— 065
　　三、延庆明代砖石长城空心敌台的类型 ———————————————— 069
　　四、敌台分布的特点 ——————————————————————— 088

第六章　延庆明代砖石长城空心敌台的营造信息 ——————————— **104**
　　一、延庆明代砖石长城空心敌台与间墙的营造概况 ——————————— 104

二、延庆砖石长城本书研究段营造信息获取与解读-------------------- 111
　　三、延庆砖石长城研究段空心敌台营造信息的分析-------------------- 118

第七章　延庆砖石长城专题研究段保存状态分析与保护设计-------------------- 136
　　一、延庆明代砖石长城空心敌台与间墙的劣化-------------------- 136
　　二、延庆砖石长城空心敌台与间墙的保护设计-------------------- 149
　　三、延庆砖石长城空心敌台与间墙的保护利用设计-------------------- 154

参考资料-- 160

第一章　北京市延庆区明长城的形态、历史与影响因素

　　明长城的概念包括广义与狭义两种。狭义的"明长城"主要指由敌台、关隘及间墙组成的线形构筑，其不但在长度方面令人称道，而且呈现内、外长城多线并置的复杂状况和战略纵深。而广义的"明长城"是指这一历史时期的军事防御系统，其除线形构筑物外，还包括卫所、关城、城堡、烽燧，以及屯田、采石场、砖窑等附属设施，整体形态为包括线形构筑在内的组团结构，组团中心是处于军事防区核心地位的镇城和卫所，其他的卫所和设施环绕于四周。狭义的明长城基本分布于组团的北部边界地区，与组团中的营城、卫所、烽燧有着相当密切的关联互动。本书以"明长城军事防御系统"称呼广义的明长城，狭义的明长城以"明长城"指代。

　　明长城军事防御系统是政治、军事、社会以及地理、材料与技术等因素互相作用的综合产物，主要形成于明初永乐朝到明中叶弘治朝、正德朝的150年里。其形成过程相当复杂，其建设也呈现出由缓到急、由局部到整体、由简单到复杂、由稀疏到密集、由低矮到峻耸的特点。由于边境的推移与战局纷繁多变，其要素与组织形态虽然极度复杂，但趋势、建设的阶段性和形成过程是明确的。

　　洪武、建文朝表现为在北疆设置东胜城、三降城、开平城、大宁城等"通为一边，地势直则近易守"；正统朝之后河套地区失守，此后未能收复。成化朝、正德朝和嘉靖朝，"塞谷障墙"和烽燧成为北疆前线的主要手段，有效军事力量如军镇、卫所、城堡等防御体系则分布在边墙以内，形成以边墙为外围、以关隘为节点、以边疆卫所为内里、以内地卫所为后援的架构。严阵以待的阵地战特征是明长城军事防御系统的基本形态，具有层层支撑、节节应援的效果；但应对以游骑兵为主的小规模骚扰式的闪电战、侵扰战时，则显得或尾大难掉，或左支右绌。正如李杰所言，"虏一鸣鞭，即抵城下，欲战则势力不敌，欲守则刍粮罕继。且其来如飙风，去如收电。我方出兵策应，彼已虏获而归"。这种军事策略下，加强障墙密度，安置新的卫所、烽燧、边墙成为惯用措施，最终在隆万时期建成连续的长城和空心敌台。从明代历史进程和北境情势总体看，明廷的长城军事防御体系设防的总体收益大于成本，有效保证了明廷长期的稳定；而从短期或局部看，其建设与设防成本远大于北境安全的收益，最终也影响了明廷政权统治的稳定。

一、延庆区明长城军事防御系统的分布与特点

明长城从东到西穿过北京行政辖区内的6区，依次为平谷区、密云区、怀柔区、延庆区、昌平区和门头沟区，两条线性形态交会于怀柔区旧水坑村附近的"北京节"（40°27'46.09"N，116°29'39.25"E）。东西方向呈"几"字形，主要分布于燕山山脉，一条自"长城节"向西北方向延伸进入河北省，分布于燕山山脉，并向阴山延伸。

明代延庆辖区及卫所、城堡位于这两条主线明长城之间。延庆北线明长城总长度约151.5km，隶属宣府镇，呈东南—西北走势，自九眼楼经过火焰山、四海镇堡、刘斌堡，进入河北省赤城县，主要采用毛石建造，分布于山脊和山梁上，海拔高度900～1400m。南线明长城属于昌镇，则呈间断状分布于南部山区山脊和山梁上，长度为19.8km，海拔高度600～1300m，西起川草花顶，经石佛寺口、八达岭、石峡，向西南延伸至河北省张家口市怀来县，主要采用砖、条石建造，其建筑材料、结构和建造方式代表了明代军事工程砌筑的最高水平。

南北两线之间还存在一条现状为夯土的中线长城，隶属宣府，明末独立为柳沟镇。中线明长城延绵于妫川小平原，连接了诸多城堡。从火焰山开始，其连接海子口堡、东灰岭堡、柳沟、小张家口堡、岔道城等城堡，并在花家窑附近与南线长城相接。中线明长城大部分地处平原，平均海拔高度约700m。目前，中线明长城多处坍塌，呈现断断续续的状态。

从物质形态到防御组织与管理，延庆明长城军事防御系统是明长城整体的一个缩影。厘清了对延庆明长城的认知，就能够理解明长城的历史、要素、形态和组织，这是深入挖掘延庆明长城价值的目的。

延庆明长城军事防御系统的特点在于总长度长、组织架构全、构筑类型丰富。延庆明长城墙体长度为179.1km，占北京明长城总长度的34%；其系统组织架构包括明代历史上的蓟镇、昌镇、宣府镇和后期的柳沟镇，是诸镇的接合地带和拱卫北京的军事要冲；其军事构筑类型既包括山地防御体系的卫所、城堡与烽燧，也包括平原防务系统的城、卫、驿、墩台，以及窑口、采石场等附属设施，构筑材料包括了夯土、毛石、条石、砖石等。

延庆地理位置、地形地势决定了其在明代军事防御体系中的军事地位。延庆区坐落于燕山余脉的军都山间小平原，内有妫水河流过。其三面环山，西侧与河北省怀来县构成山间的"延怀盆地"。自汉唐以来，延庆即为中原通往蒙古高原与黄土高原的主要通道之一，向西北通宣化、张家口，向西通大同。元代时，延庆是联系大都（北京）与上

都（开平）通道的重要节点。这一地区也是设关防御的天然场所。《延庆卫志略》记载其形势为"所谓一夫当关，万夫莫开者也"。

二、延庆区明代砖石长城的历史形成过程与形态

元明之际，延庆所在的妫川小平原处于战乱造成荒芜凋零状态。洪武朝和建文朝（1368—1402年）是军事防御系统建设的初期，该地区从控制居庸关开始，逐步增设卫所与驿站。洪武初年实施坚壁清野的策略，废诸州县，"徙山后诸州之民于关内"。洪武二年（1369年），置怀来守御千户所。洪武三年（1370年）收复宣怀地区。洪武五年（1372年）于居庸关设守御千户所。洪武十二年（1379年）设永宁卫。建文元年（1399年），居庸关废居庸关千户所，改立隆庆卫指挥使司。与这一时期的宣府地区诸卫、开平卫等俱归北平都指挥使司管辖，形成北平、永宁、怀来、宣府、开平的空间序列，由居庸、土木、榆林等驿站相连。

永乐朝至弘治、宣德朝（1403—1435年）是妫川平原设立卫所和乡村发展时期，并开始了宣府与蓟镇的分守，是军事防御体系建设的前期。永乐二年（1404年）于居庸关添设隆庆左、右二卫。永乐十一年（1413年）在今延庆城设立隆庆州。隆庆州下设永宁县（团山下）和怀来县。永乐十三年（1415年）设永宁卫于原缙山县团山。永乐十六年（1418年）升怀来所为怀来卫，形成"一州一县五卫多村"的格局。隘口障墙与烽燧也是永乐朝的重要建设之一，《四镇三关志》记载了"昌镇居庸路""八达岭"和"石峡峪"治下及黄花路的隘口多为永乐朝建，采用"砖石砌塞"可通人马的山谷。宣德五年（1430年）建永宁城于灰岭，徙永宁县、永宁卫、居庸关之隆庆左卫入内。徙居庸关之隆庆右卫于怀来，对这一地区的防务进行调整，将居庸关的卫所向北边调整，加强对皇陵和京师的保障。

中期为正统朝至万历朝（1436—1620年），延庆地区的长城防御系统建设逐渐加强，细化与调整防务区域、增加卫所城堡、建设烽燧、加固障墙，直到建设连贯的长城。

正统、景泰和天顺朝仍采用初期的被动防务策略，即增加卫所城堡、建设烽燧、加固障墙。明史记载，正统朝的长城建设因"工作甚难"而以"益墩台瞭望"代替。"土木之变"后，景泰元年（1450年）增筑蓟镇城堡巩华城、重筑白羊口堡，景泰四年（1453年）增筑黄花镇城。天顺朝与成化朝，宣府开始实施"分地据守"，采用砖石加固卫所，

并增建了少量城堡与卫所。天顺八年（1464年）于永宁县东筑四海冶堡。成化五年（1469年）设置东路参将，驻扎永宁。成化二十年（1484年）四海冶置守御千户所。

弘治朝继续增设卫所，并开始修建局部的长城，如著名的八达岭段，其规模为"其城上跨东西两山，下当两山之冲，高二丈五尺，厚一丈，长六百八十丈，南北城门城楼二座，敌楼二座，城铺二间，护城东山平胡墩一座，西山御戎墩一座"。正德朝对隘口有细微调整，正德八年（1513年）在"黄花镇下"增设"石湖峪口"；"武宗正德十年北虏入寇，由大白羊掠八达岭，将窥居庸……增修八达岭边墙。跨东山至川草花顶上，以峻山为限，迤东接横岭口，复接黄花路驴儿驼界。西接石峡峪，至镇边路白羊软枣顶。沿边汛防兵长一百三十一里二分，设楼台九十座"。未向东修筑以避免影响皇陵风水。"东至穿草花顶约十里，即陵之祖山，不修边墙者九十里"。

嘉靖朝昌镇由蓟镇中析出，成为独立防区。延庆地区的防御体系得到进一步加强与调整。嘉靖朝初年，京畿附近的长城工事设施十分简陋，延庆地区的屯堡几乎没有城墙，"以垣墉而为堡者仅数处"。

郑芸在《议处关外隘口以重屏疏略》中记载了蓟镇八达岭与宣镇岔道堡等工事与军备的对比，说明这一时期，明长城军事防御系统的分守有余而统筹不足。八达岭隶属蓟镇，墙垣工事完备，隶属宣府镇的岔道城则墙垣破败坍塌，守军不足。而火石岭口的工事甚至敷衍，"堆石不过数行，高厚不过二尺。军只三、四名，器械无一件"。嘉靖朝初期长城的隘口建设十分简陋，"横石墙一道"几乎成为普遍现象。

据《西关志》与《四镇三关志》记载，嘉靖二十九年（1550年）昌镇析出后，明廷将原居庸关管辖下的八达岭城、中路、北路、南路、东路、西路隘口，调整为昌镇的居庸关、居庸路、黄花路、横岭路下辖管理。据《钦定古今图书集成》记载，嘉靖二十九年（1550年），巡抚都御史郭宗皋提议连接蓟、昌、宣府三镇的边墙。《读史方舆纪要》记载翁万达也认为连接边墙可以防止北疆进攻。

嘉靖三十年（1551年），明廷对蓟、昌隘口及正德十年的边墙进行了加固与建设。《四镇三关志》记载，昌镇居庸路"灰岭下"隘口八座，边城二十六里，附墙台七座，建"八达岭下"边城二十四里半，"石峡峪下"边城一十六里，附墙十四座。嘉靖二十三年至四十四年，增设横岭路"白羊口下"隘口七座，增修边城一十一里。

嘉靖三十五年（1556年）兵部侍郎江东疏请修筑南山联墩。嘉靖四十五年（1566年）宣镇置南山路参将于柳沟城。嘉靖朝末期，隆庆界驻兵备道副使一员，副总兵一员，参将三员。

隆庆朝为避年号讳，改隆庆卫、隆庆左卫、隆庆州为延庆卫、延庆左卫、延庆州，建柳沟营，并对各城堡卫所进行大规模青甃，开始大规模建设空心敌台，并进一步建设两侧带有垛口和女墙的长城，使墙台连为一线，从被动防御形成可凭墙打击的主动防御工事。

隆庆朝开始出现对"南山联墩"防务作用的质疑，实际防务中表现出"易攻难守"的尴尬境地。宣府、蓟镇互相推诿，都试图将其推入对方辖区。以上问题皆因分区设防而起，也为后续南山路独立设镇埋下了伏笔。南山路对于前方的宣府镇和后方的昌镇来说都如同鸡肋，对其巩固和分守，实际上削弱了这一地区的整体设防。

万历朝对京畿长城、卫所、城堡多有以加固为主的修缮。根据延庆小张家口堡、迁安徐流口、居庸路石佛寺、石峡峪工尾界碑、"石峡峪堡"匾额等推测，蓟镇、昌镇等处发现的碑刻，京畿区域均有春防、秋防的季节性、规制化的修葺制度，且修葺的执行都是针对要冲重点部位的、全局性的而非分段完成的。

万历十年（1582年）兵部尚书吴兑重修八达岭北门城台，题写了"北门锁钥"门额；十月秋防，钦差分守居庸关等处副总兵都指挥使胡懋功，修城墙四十丈三尺五寸；山东都指挥佥事陆应元，分修居庸路石佛寺地方边墙七十五丈二尺，内石券门一座。分守居庸关副总兵都指挥胡懋功分修边墙三十丈三尺五寸。万历十七年春防，修居庸路石峡峪；万历十五年（1587年）兵部尚书兼蓟辽保昌总督王一鹗在《总督四镇奏议·甄别主客将领疏》中记录了蓟昌二镇长城修筑情况。

天启朝与崇祯朝也多次修缮长城，包括大庄科香屯长城。崇祯九年（1636年）七月，在陵后柳沟置总兵。崇祯十二年（1639年）重修南口东西城，建南北城门。

第二章　延庆明代砖石长城隘口的历史与现状

明代的文献详细记录了各段隘口的名称、次序、建设年代、构筑内容、军事地位以及隘口间距等信息，为延庆明代砖石长城隘口的历史考证提供了依据与可能。本章采用历史文献与现状实测和调查对照的"二重证据法"，重塑与还原该段隘口历史。

一、延庆砖石长城的历史记录

历史文献主要包括嘉靖二十七年（1548年）的《西关志》、万历四年（1576年）的《四镇三关志》，以及清代《钦定日下旧闻考》中引述的、成书于万历二十七年（1599年）的《三关边务总要》。明廷各时期频繁的调整、不同规模的建设以及格局分布的变迁，造成了各种长城文献与记录的差异。

《西关志》载延庆地区隘口基本信息一览表　　表2-1

序号	长城段落从属	隘口名称	构筑内容	墩台	军事防御级别	守军人数（个）	隶属
1	城池	八达岭（弘治甲子秋七月，逾年告成）	其城上跨东西两山，下当两山之冲。高二丈五尺，厚一丈，长六百八十丈。南北城门城楼二座，敌楼二座，城铺二间	护城东山平胡墩一座，西山御戎墩一座，冲要	外口尤为紧要	53	隆庆卫地方
2	中路隘口	双泉口	正城一道，水门一空	东西墩二座，僻静	里口稍缓	5	隆庆卫地方，居庸关
3		贺伯口	正城一道，过门一空	西北山墩，冲要	里口稍缓	3	
4		陈友良口	正城一道，水门一空	北山墩，僻静	里口稍缓	3	
5		黄土岭口	正城一道	无	里口稍缓	4	
6		石佛寺口	正城一道，水门一空	西北山墩，冲要	外口紧要	12	

续表

序号	长城段落从属	隘口名称	构筑内容	墩台	军事防御级别	守军人数（个）	隶属
7	中路隘口	青龙桥东口	正城一道，水门一空	冲要	外口紧要	7	隆庆卫地方，居庸关
8		青龙桥西口	正城一道，过门一空拦马墙一道	北山墩，冲要	里口稍缓	4	
9		小岭口	正城一道，过门一空	无	里口稍缓	4	
10		西水关	正城一道，水门二空	西山墩，僻静	里口稍缓	6	
11		响闸口	正城一道，水过门二空	无	里口稍缓	3	
12		两河口	正城一道，水门三空堡城一座，过门一空	西山瞭望敌墩、护城墩二座，冲要	外口紧要	17	
13		石缝山口	正城一道，水门一空	无	外口紧要	9	
14	北路隘口	化木梁口	正城一道，敌台四座东山边城一道，西稍墙一道	敌墩四座，冲要	外口紧要	14	隆庆州界
15		于家冲口	正城一道，水门一空山边城一道，稍城一道	东山墩孤石山顶墩，冲要	外口紧要	10	隆庆州界
16		花家窑口	正城一道，水门一空敌台三座，东西山边城三道	东山墩，冲要	外口紧要	19	隆庆州界
17		石峡峪口	正城一道，水门一空东稍墙一道，拦马墙三道，敌台六座。有险可据	西山墩，冲要	外口紧要	26	隆庆州界
18		糜子峪口	正城一道，水门一空东南西山边墙三道，敌台四座	西山墩，冲要陈家坟墩，冲要	外口紧要	26	隆庆州界
19		河合口	正城一道，过门一空稍墙一道	西山墩，僻静	外口紧要	37	保安州界

注：据王士翘《西关志》制作。

《西关志》提供了隘口的名称、方位、构筑、防务等级等信息。所记载的隆庆地区五路隘口中，涉及延庆区的主要集中于中路和北路（表2-1）。这一时期的隘口防御主要依靠障墙和墩台，"因天地自然之险而补塞其空隙"。《四镇三关志》郭宗皋的奏疏记载（表2-2），嘉靖二十四年的边墙加固主要是将堵塞谷口的平头薄墙改为带有垛口可以登顶防守的"正城"，并派军队驻扎。嘉靖二十九年，蓟镇开始大规模建作战式边墙，"高一丈五尺，共高二丈，根脚一丈，收顶九尺"。

《四镇三关志》载居庸路八达岭下、石峡下、横岭下隘口基本信息一览表　　表2-2

序号	长城段落及长度	空心敌台数量与建设年代	附墙台数量与年代	隘口名称	隘口建设年代	军事防卫级别	地理特征描述
1	居庸路八达岭下：边城二十四里半；嘉靖三十年建（1551年）	四十三座；隆庆三年至万历元年节次建	四座；嘉靖三十年建	石佛寺口	永乐	缓	草花顶迤南，通步
2				青龙桥东口	永乐	极冲	东西顺青龙墩迤东，北山墩迤西，俱平。通众骑
3				王瓜谷	永乐	极冲	赵家驼墩三空。俱平漫。通众骑
						冲	水口宽漫。南北石门地高
4				八达岭口	弘治	极冲	自熊窝顶至门西敌楼，平漫，临大川，通众骑
						缓	余通步
5				黑豆峪	永乐	极冲	威靖墩至冲峪墩，通众骑
						冲	余通单骑
6				化木梁	永乐	极冲	平漫，中三墩空，通众骑
						缓	（其）余
7				于家冲	永乐	次冲	水口正城迤东一空，通单骑
						极冲	正关水口通大川，平漫。西山墩迤西至青石顶墩，通于家沟，俱通众骑
						缓	余通单骑
8	居庸路石峡峪下：边城十六里；嘉靖三十年建	二十五座；隆庆三年至万历元年节次建	十座；嘉靖三十年建	花家窑	永乐	冲	龙芽菜沟通单骑
						极冲	城东至西头水口，平漫。通众骑
9				石峡峪口	永乐	次冲	城东头至石崖子口，通单骑
						冲	西山墩至镇虏墩，平漫，通单骑
10				糜子峪口	永乐	极冲	正关水口并镇西墩至南山墩通陈家坟，俱平漫，通众骑
						缓	余通步
11	横岭路白羊口下：边城十一里；嘉靖三十年建，四十四年修	一十九座；隆庆三年至万历元年节次建	三座	软枣顶	永乐	缓	
				石板冲	嘉靖二十三年	缓	
				牛腊沟	嘉靖二十三年	极冲	通大川，平漫，通众骑
				西山安	永乐	缓	通步
				桑木顶	嘉靖二十三年	缓	
				东黄鹿院		极冲	平漫，通众骑
				秋树洼	嘉靖四十四年		
				西黄鹿院		极冲	正城，正安并西安俱平漫，通众骑

注：据（明）刘效祖《四镇三关志校注》"昌镇形胜·乘障"编制。

《四镇三关志》提供了延庆明砖石长城隘口的名称、次序和相互关系、建设年代、构筑、防务等级等信息，且记录了各段边墙的长度、空心敌台、附墙台的数量和建造年代。隆万时期，谭纶建议进一步加厚边墙且两侧均设垛口，根据军事防御"冲、缓"等级建设不同密度的空心敌台。

《三镇边务总要》更进一步提供了隘口间具体的距离信息。

《三镇边务总要》隘口名称、距离与地理特征一览表　　　表2-3

序号	归属	隘口	至上一隘口间距（里）	地理特征描述	军事防卫级别
1	八达岭下	川草花顶		山势内外高险，人马难行	
2		石佛寺口	三	正口两山壁立，中通沟路，难行	
3		青龙桥东口	三	山势内平外险	
4		黄瓜谷口	三	内平外险	
5		八达岭	三	内平外漫，为宣大咽喉	极冲
6		黑豆谷	三	内平外漫。威靖墩至冲谷墩通众骑，馀通骑	冲
7		化木梁	三	内险外平，人马可行	
8		于家冲	二	正城迤东一空，通单骑，迤西青石顶墩通于家沟，俱通众骑	冲
				馀通步	缓
				青石顶山势外平内险	
	总计		二十		
9	石峡下	花家窑	三	内外高险。龙芽菜沟通单骑。城东头至西头水口平漫，通众骑	极冲
10		石峡口	三	城东至石崖子口，又西山墩至镇虏墩俱通单骑	冲
11		糜子谷	三	正关水口并镇西墩至南山墩通陈家坟，俱平漫，通众骑	极冲
				馀通步	缓
	总计		九		
12	白羊口（横岭下）	软枣顶	六	正关东北，山势险峻，止通单骑。口外平，沟内薄梁	极冲
13		牛腊沟	三	内外山峻，牵马可上	
14		桑木顶	二	外梁平，内山险，可通单骑	
15		黄鹿院	一	山梁高险，牵马可上	
	总计		十二		

注：（清）于敏中《日下旧闻考》卷一百五十四，"边障"。

根据表2-3中的描述计算，自石佛寺口到糜子峪口的距离是二十九里，与《四镇三关志》记录的"四十里半"相差较大。《四镇三关志》偏重编纂,作者刘效祖曾任陕西按察司副使、固原兵备道副使等职务,该书后经刘应节、杨兆等人修订。《三镇边务总要》成书稍晚,军事世家出身的李如樟于万历二十一年至二十七年在蓟、昌二镇担任参将、副总兵官都指挥使等职务。该书获得的一手防务资料多,应更贴近实际情况。两书记录的隶属、边墙长度、空心敌台和附墙台数量、隘口名称和次序等对比情况见表2-4。

文献中延庆砖石长城信息比较　　　表2-4

文献名称	长城段落	长城长度(里)[1]	折合公制长度(km)	空心敌台数量(座)	附墙台数量(座)
四镇三关志	八达岭下	二十四里半	14.112	四十三	四
	石峡峪下	十六	9.216	二十五	十
合计		四十里半	23.328	六十八	十四
				八十二	
三镇边务总要	八达岭下	二十	11.52		
	石峡峪下	九	5.184		
合计		二十九	16.704		

隘口的军事"冲、缓"与空心敌台间距建立了联系。据《明谭纶请建空心台疏略》的"缓者则计百步,冲者五十步或三十步即筑一墩"的标准,明代一步等于六尺,一尺[2]等于公制32cm,则三十步为57.6m,五十步为96m,一百步则为192m。即57.6~96m间距为"冲",大于192m为"缓"。

二、延庆明代砖石长城的现状调查与数据分析

历史文献与现代勘测数据的"二重证据法",为重塑历史提供了可能。现代测绘数据来自由国家文物局、国家测绘地理信息局于2007年联合开展的"长城资源调查"项目。

---

[1] 明代一里计576m。
[2] 据(明)朱载堉《律吕精义》记载,明尺分裁衣尺、营造尺和量地尺。钞尺(即裁衣尺),与当钞纸外边齐。曲尺(即营造尺),与宝钞墨边外齐。宝源局铜尺(即量地尺),比宝钞墨边长,比宝钞纸边短,当衣尺之九寸六分。今测中国历史博物馆收藏完整之明宝钞三十九张,墨边平均长31.904cm,纸边平均长34.015cm,而量地尺无法直接测量,故此采用营造尺计长。即使存在误差对研究不构成结论性影响。

延庆明代砖石长城东起川草花顶，西至与河北长城交界处的延庆明代砖石长城，整体呈"∏"形，以"东北—西南"方向沿山脊延展，局部为双线，总长27.185km。这种布局充分利用地形地势，包裹了交通要道"关沟"和"石峡峪"。延庆砖石长城目前共有敌台（空心敌台和附墙台）94座（自东向西编号为延庆14～107号），较《四镇三关志》中"八达岭下"和"石峡峪下"长城记录数量多12座。延庆明代砖石长城各敌台边长、间距及相关信息见表2-5。

延庆明代砖石长城敌台边长、间距及总长度现状数据一览表　　　表2-5

序号	间墙编号（以相邻敌台定位）	间墙长度/敌台间距（m）	敌台编号	敌台类型（空：空心敌台，台：附墙台）	敌台沿墙体边长（m）	敌台海拔（m）	备注
1	东端～14	134.20	14	空	11.65	716.24	川草花顶；"川字一号"台
2	14～15	829.20	15	空	10.88	596.21	
3	15～16	286.40	16	空	12.37	578.37	
4	16～17	166.30	17	空	11.97	501.30	
5	17～18	19.80	18	台	11.83	504.25	
6	18～19	25.00	19	台	11.10	507.77	
7	19～20	67.10	20	空	9.83	546.64	
8	20～21	100.40	21	空	9.31	544.77	
9	21～22	151.70	22	台	7.30	611.79	
10	22～23	229.60	23	台	6.87	644.05	有铺房遗存
11	23～24	423.00	24	空	11.91	648.36	
12	24～25	803.70	25	空	11.49	698.19	
13	25～26	296.90	26	空	12.80	744.57	
14	26～27	382.80	27	台	5.27	705.37	
15	27～28	177.50	28	台	7.81	647.68	
16	28～南山断口	67.07					
17	断口	132.19					现青龙桥火车站
18	北山～29断口	28.15	29	台	10.51	620.45	
19	29～30	62.80	30	台	6.17	656.49	
20	30～31	490.30	31	空	12.36	728.98	
21	31～32	377.30	32	台	7.69	697.16	
22	32～33	201.80	33	空	11.64	746.29	
23	33～34	35.00	34	台	7.57	619.98	
24	34～35	490.00	35	空	11.00	885.22	
25	35～断口	203.60					
26	断口	23.60					
27	断口～36	10.84	36	台	7.10	855.26	

续表

序号	间墙编号（以相邻敌台定位）	间墙长度/敌台间距（m）	敌台编号	敌台类型（空：空心敌台，台：附墙台）	敌台沿墙体边长（m）	敌台海拔（m）	备注
28	36~37	72.30	37	空	12.10	828.14	
29	37~38	167.30	38	空	9.60	794.35	
30	38~39	247.40	39	空	10.10	775.39	
31	39~40	232.60	40	空	11.80	715.35	
32	40~41	117.20	41	空	10.20	689.72	
33	41~42	113.10	42	空	10.00	671.06	
34	42~43	45.20	43	台	20.70	663.29	八达岭关城
35	43~44	33.80	44	空	9.90	670.37	
36	44~45	61.20	45	空	10.00	681.45	
37	45~46	143.10	46	台	9.60	715.55	
38	47~46	415.60	47	空	11.60	810.36	
39	48~47	170.70	48	台	10.20	796.56	
40	49~48	137.90	49	空	11.60	779.17	
41	50~49	143.30	50	台	9.80	789.32	
42	51~50	63.10	51	空	12.80	770.69	
43	52~51	88.70	52	台	10.30	753.34	
44	53~52	92.40	53	空	12.40	748.01	
45	54~53	297.30	54	台	10.20	814.66	
46	55~54	158.30	55	空	11.90	830.95	
47	56~55	158.00	56	空	12.20	749.00	
48	57~56	104.50	57	空	13.80	733.77	
49	58~57	76.80	58	台	10.00	744.71	敌台坍塌严重，基座内有小型敌台的遗存
50	59~58	55.00	59	空	11.80	735.40	
51	59~60	123.10	60	空	11.90	739.67	
52	61~60	95.50	61	空	12.00	767.76	
53	62~61	119.40	62	台	6.60	772.44	
54	63~62	119.40	63	台	8.70	781.22	
55	64~63	170.80	64	空	10.20	804.30	包括一段山险墙，长32.64m
56	65~64	323.20	65	空	11.00	884.20	
57	66~65	236.90	66	空	11.80	930.60	包括两段山险墙，长40.65m
58	67~66	232.50	67	空	11.10	885.30	
59	68~67	354.20	68	空	10.30	996.80	
60	68~断口	719.20	69	空	9.70	823.20	

续表

序号	间墙编号（以相邻敌台定位）	间墙长度/敌台间距（m）	敌台编号	敌台类型（空：空心敌台，台：附墙台）	敌台沿墙体边长（m）	敌台海拔（m）	备注
61	断口~69	77.40					
62	69~70	82.20	70	台	7.60	778.90	东沟村长城的谷口处
63	断口	35.20					
64	断口~71	33.70	71	空	14.60	791.70	
65	71~72	46.50	72	空	11.60	822.10	
66	72~73	109.40	73	空	13.00	853.70	
67	73~74	471.60	74	空	12.41	947.08	
68	74~75	510.39	75	空	10.67	1052.71	
69	75~76	664.13	76	空	11.20	1175.81	
70	76~77	268.90	77	空	9.90	1230.20	
71	77~78	101.40	78	台	6.30	1225.85	
72	78~79	389.00	79	空	9.56	1104.80	
73	79~80	256.54	80	空	11.96	1025.35	
74	80~81	355.14	81	台	7.70	910.65	
75	81~83*	491.50	83	空	10.50	812.83	花家窑口有一处长度为28.60m的山险断口；82号敌台为空心敌台
76	83~84	74.70	84	空	11.23	853.96	
77	84~85	271.27	85	空	9.40	895.40	
78	85~86	226.00	86	空	9.00	946.58	
79	86~87	444.20	87	空	11.40	876.31	
80	87~88	677.70	88	台	10.10	709.87	敌台塌毁严重
81	88~东山口	119.20					
82*	断口	271.20					石峡峪口
83	西山口~89	110.40	89	空	13.60	844.92	
84	89~90	1014.70	90	空	12.60	894.72	
85	90~91	345.30	91	空	9.64	888.06	敌台塌毁严重
86	91~92	56.86	92	空	11.79	890.36	
87	92~93	364.61	93	空	10.16	788.34	
88	93~94	54.74	94	台	10.34	775.00	
89	94~95	73.06	95	台	11.58	734.68	
90	95~96	354.12	96	空	10.20	822.12	包含一段山险断口20.26m；敌台塌毁严重
91	96~97	154.60	97	空	11.40	812.57	敌台塌毁严重
92	97~98	104.90	98	空	4.20	806.65	敌台塌毁严重

续表

序号	间墙编号（以相邻敌台定位）	间墙长度/敌台间距（m）	敌台编号	敌台类型（空：空心敌台，台：附墙台）	敌台沿墙体边长（m）	敌台海拔（m）	备注
93	98~99	64.20	99	台	6.70	796.39	敌台塌毁严重
94	99~100	314.10	100	空	12.27	856.33	
95	100~101	522.53	101	空	8.50	947.68	
96	101~102	270.10	102	空	10.80	985.65	
97	102~103	907.30	103	空	12.20	1061.17	
98	103~104	646.00	104	空	11.60	976.12	
99	104~105	68.30	105	空	11.67	993.45	
100	105~106	1217.13	106	空	14.70	1167.94	
101	106~107	156.10	107	空	12.90	1159.30	
102	107~黄1	468.70	黄1	空		1093.00	黄1为河北省怀来县黄台子1号敌台
	总计	25 210.03			987.31		

注：82*号敌台不在延庆区砖石长城沿线以内；2015年在81~83号敌台间修复敌台1座，距离83号敌台126m，台边长9.9m，将修复敌台编号为83'号。

明代一向重视地图的绘制，边防图更有三年一更新的传统。其技术为宋、元、明时期出现的"计里画方"绘制方法，有一定的准确性、科学性。同时，人文传统的山水绘画方式对明代地图的影响很大，尤其是表现方法，地图的主流是形象"绘"法。

将历史文献与实测墙体长度进行比较。《四镇三关志》中记录八达岭下、石峡峪下的边城长度合计"四十里半"，为23 328m。长城资源普查中，从东端川草花顶到与河北省怀来县长城交界处，延庆明代砖石长城长度为25 210.03m。两者相差1882.03m，这既可能来自历史文献记录的准确度问题，也可能意味着延庆区明代砖石长城实际包含了横岭路白羊口下辖隘口。

延庆明代砖石长城各段间墙长度统计见图表2-1。其中，17~18号敌台间墙最短，为19.80m；105~106号敌台间墙最长，达1217.13m；墙体的平均长度为267.47m。

为了兼顾分组的有效性和有限性，采用大于"步"的传统长度"丈"[1]作为标准，将延庆明代砖石长城敌台间墙长度分为八组：0~10丈（含，下同）、10（不含，下同）~20丈、20~50丈、50~100丈、100~150丈、150~200丈、200~300丈、300~500丈。则各组公制长度为0~32m、32~64m、64~160m、160~320m、320~480m、480~640m、640~960m、960~1600m。

间墙长度分析显示了延庆砖石长城的敌台分布规律。从统计来看，64~160m

---

[1] 1丈等于10尺，约3.2m。

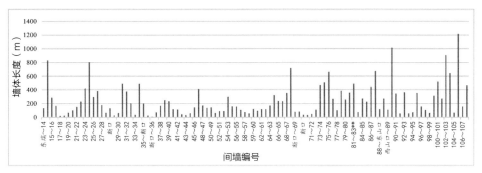

图表 2-1 延庆砖石长城敌台间墙体长度统计

（20～50 丈）的间墙占比最大，为 34.3%；160～320m（50～100 丈）的间墙次之，占 21.6%。这两者构成整体的 55.9%，是延庆明代砖石长城间墙长度的主体。短于 32m 和长于 960m 的墙体最少，分别占 4.9% 和 2.0%；32～64m 的间墙与 320～480m 的

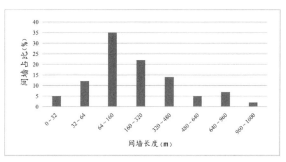

图表 2-2 延庆砖石长城敌台间距（间墙长度）分析

墙体占比分别为 11.8% 和 13.7%。480～640m 和 640～960m 的间墙各占 4.9% 和 6.9%（图表 2-2）。

敌台密度反映了其地理位置的军事重要程度。"短间墙"、高密度的隘口表示军事形势紧迫，为"极冲、冲"；"长间墙"与低密度的敌台则表示军事形势"缓"。"冲""缓"与隘口位置直接相关。表 2-6 和表 2-7 显示了具体位置与数据。

长度在 64m（合 33.3 步）以内的"极冲"间墙，延庆明代砖石长城共有 12 段，另有 2 段稍大于这一数值，它们几乎全部位于山谷之内，实施封塞与控制。

延庆明代砖石长城短间墙（64m）数据统计一览表　　　　表 2-6

序号	间墙编号（两侧敌台编号）	墙体长度（m）	距离下一段短间墙的距离（m）	已知隘口名称	备注
1	17～18	19.80	0		
2	18～19	25.00	2793.01	石佛寺口	
3	29～30	62.80	1677.90	青龙桥东口	
4	33～34	35.00	1132.20		

续表

序号	间墙编号（两侧敌台编号）	墙体长度（m）	距离下一段短间墙的距离（m）	已知隘口名称	备注
5	42～43	45.20	0	八达岭关城	
6	43～44	33.80	0	八达岭关城	
7	44～45	61.20	1010.60		
8	49～50	55.00	2782.50		
9	50～51	63.10	976.00		
10	71～72	46.50	7172.87		东沟村长城
11	91～92	56.86	364.61		
12	93～94	54.74	686.68		
13	98～99	64.20	4101.56		
14	104～105	68.30			

长度在640～1600m（200～500丈）之间的墙体共计15处。与推论不同，有些长"间墙"也与关隘密切相关，最典型的例子是石峡峪口，该处敌台分布于两侧山体的峭壁上，间墙距离大。这种现象有三种启示：其一是该处可能存在损毁的敌台，造成了较大的缺口；其二是地形影响了间墙的长度；其三是存在离墙隘口，即石峡峪口的防守位置处于长城沿线之外。

延庆砖石长城长"间墙"数据统计一览表　　　表2-7

序号	墙体编号（两侧敌台编号）	墙体长度（m）	距离下一段长间墙的距离（m）	相关隘口名称
1	14～15	829.20	1469.30	
2	24～25	803.70	1147.41	
3	30～31	490.30	614.10	
4	34～35	490.00	5267.50	
5	68～69	719.20	856.10	东沟村附近
6	74～75	510.39	0	
7	75～76	664.13	1370.98	
8	81～83'	355.60	571.97	花家窑*
9	87～88	677.70	0	石峡峪
10	88～89	501.00	0	石峡峪
11	89～90	1014.70	1886.49	石峡峪附近
12	100～101	522.53	270.10	
13	102～103	907.30	0	
14	103～104	646.00	68.30	
15	105～106	1217.13		

在明确历史文献记录可读、可信的基础上，以上分析能够了解延庆明代砖石长城军事"冲""缓"的总体情形，也指明了研究的方向：充分解读历史文献是为了更好地使用现代数据，使用现代数据则是为了解开历史的谜题。

第三章　延庆明代砖石长城隘口的考证

一、延庆明代砖石长城的隘口位置初步确定

"八达岭下"七座隘口从东向西依次为石佛寺口、青龙桥东口、王瓜谷、八达岭口、黑豆峪、化木梁、于家冲；"石峡下"三座隘口从东向西依次为花家窑、石峡峪口、糜子峪口，继而向西为"横岭路""白羊口下"的"软枣顶"等隘口。历史文献的名称差异是同音字或同义字造成的，如"王瓜谷"和"黄瓜谷"，极大可能是隆庆朝"浙兵"的方言所致，至于"黑豆峪""糜子峪"和"黑豆谷""糜子谷"的差别也是如此。这些隘口的命名方式颇耐人寻味，有些明确采用"口"来称呼，而其他隘口则仅有名称。

根据位置与名称的关系，以上隘口可以分为三类。第一类为"名称延续型"，这类隘口延续了明代以来的称呼，容易判断与验证其位置，由于确切的名称、历史文献和照片等资料的存在，几乎不需要进一步论证就可以确定其身份。第二类为"名称改变型"，即隘口名称虽然没有延续，但周边村落名称等地理信息有迹可循，可根据周边地理、地形、地名参照推演，并与历史记录严格对应。第三类为"地点待考型"，历史名称及周边地理标识物几乎无迹可寻，历史名称需要考察研究以确定。

1. 延庆明代砖石长城"名称延续型"隘口位置考证与特征研究

"名称延续型"隘口包括青龙桥东口、八达岭口、花家窑和石峡峪口四座。此类隘口的历史信息分析和实地考察所形成的判别方法与标准，构成了后两类隘口确定的基础与技术路线。

据《四镇三关志》记载，青龙桥东口"东西顺青龙墩迤东，北山墩迤西，俱平。通众骑；山势内平外险"。目前该处山谷宽84.1m，向西南通关沟，东北通"黄土梁子"的道路较为平直，有"大张路"一直通向"小张家口"城堡。而关沟西侧与"青龙桥东口"相对称的位置，应为"青龙桥西口"旧址，该口被其他外口围合，符合"里口稍缓"

图 3-1 青龙桥东口长城遗存分布图（上）及现状（下）

的特征。青龙桥山沟与关沟交会处，为青龙桥村旧址（图 3-1）。

《西关志》记载八达岭口有"护城东山平胡墩一座，西山御戎墩一座"。现状八达岭关外东西各有一座烽火台，一座在 46 号敌台西侧 100m 左右，一座在 40 号敌台西北大约 80m（图 3-2）。而花家窑"正城一道，水门一空。敌台三座，东西山边城三道"。现状延续了自嘉靖年间的特征：口外有二座墩台，内有一座墩台，正城内外有多道边墙。而"石峡峪口"包括"正城一道，水门一空。东梢墙一道，拦马墙三道，敌台六座。有险可据"，并有"西山墩"。而现状调查显示，西山除了主线墙体外另有一道墙体，而东山的长城墙体北侧有一道土边，内侧 4m，有一座墩台（图 3-3）。

图3-2 19世纪70年代托马斯·查尔德拍摄的八达岭关城与远处北侧的护城墩
（来源：张保田《追寻远去的长城》）

图3-3 花家窑、石峡峪口长城遗存分布图

延庆砖石长城"名称延续型"隘口实测数据统计一览表　　　　表3-1

序号	隘口名称	隘口编号	间墙长度（m）	相邻短间墙编号与长度（m）	现状地理标识
1	青龙桥东口	28~29	227.41	29~30，62.80	隘口已毁，目前为青龙桥火车站；29敌台~北山断口长28.15m，谷内断口长132.19m，南山断口~28敌台长67.07m
2	八达岭关	43	0	43~44，33.80 42~43，45.20	八达岭关城；42~43敌台长45.20m；43~44敌台长33.80m
3	花家窑	83~83'	126.0	83~84，74.70	口内敌台一座（编号延庆82号）存在28.60m的山险断口
4	石峡峪口	88~89	500.80		口内石峡峪堡；89敌台~西山口长110.40m，谷内断口长271.20m，东山口~20敌台长119.20m。长城为公路所断

通过研究以上隘口位置与敌台间墙长度关系可以发现，短间墙并非一定分布于正关处，而常分布于正关两侧的山坡上，目的是充分利用高差对正关进行梯度防守。因此，正关隘口范式为两侧山坡上密集的敌台和正城长墙，以垛口女墙进行攻防，降低了正关敌台受到敌军正面冲击的可能。

2. 延庆明代砖石长城"名称改变型"隘口位置考证与特征研究

这类隘口为石佛寺口和糜子峪口（表3-2）。据《西关志》记载，"石佛寺，在关北一十五里。因石岩以凿大悲像，永乐年间建"。该寺今址位于水关长城景区内，系修八达岭高速公路时迁建而成，旁有村落名为"石佛寺村"。通往石佛寺村的谷口目前为"八达岭水关长城"的景区入口，编号延庆17号敌台。同时结合正城"下当两山之冲"的特点，石佛寺口正城位于17～19敌台之间的两山之冲，宽112m。历史记录称石佛寺口"草花顶迤南，通步；正口两山壁立，中通沟路，难行"，历史照片显示了这一特点（图3-4）。现状中川草花顶南北坡，有通行人的小路，北侧可通石佛寺村。

《三关边务总要》记载"糜子谷，正关水口并镇西墩至南山墩通陈家坟，俱平漫，通众骑"。目前延庆明代砖石长城西端94号敌台迤西约0.5km外，为河北省怀来县"陈家堡村"。陈家堡，

图3-4　石佛寺口历史照片
上图：19世纪70年代托马斯·查尔德拍摄的关沟北望石佛寺口（延庆21~23号敌台）
下图：19世纪40年代杰克·威尔克拍摄的关沟与石佛寺口交会处（左下角）及西山长城

图 3-5 糜子峪口长城遗存分布图

图 3-6 延庆 95～96 号敌台之间的山谷现状

其名称应为由"陈家坟"演化而来。根据现场调查,陈家堡村附近长城的敌台密集,有小路通向 95～96 号间墙的山谷,小路呈"Y"形,一端通村庄,另一端分为南北两叉路,向北通 95 号敌台附近的坍塌处,该处也是山间冲沟所在,向南则通 96 号敌台处。陈家堡村有山路通 99 号敌台南侧坍塌部位(图 3-5)。依照山谷地貌判断,糜子峪口正关分布于 95～96 号敌台之间的山谷处(图 3-6)。

延庆砖石长城"名称改变型"隘口短间墙数据统计一览表　　表 3-2

序号	隘口名称	隘口编号*	间墙长度(m)	现状地理标识
1	石佛寺口	17～18	19.80	17 号敌台为"八达岭水关长城"景区入口
2		18～19	25.0	通往石佛寺村
3	糜子峪口	91～92	56.86	间墙东西向,长城北侧为山谷
4		93～94	54.74	间墙东西向,位于长城转折处
5		94～95	73.06	西侧 0.5km 为下陈家堡村,间墙南北向。94 号敌台位于长城转角处,连接东西向和南北向的长城。95～96 号敌台间为山谷
6		98～99	64.20	西侧 0.5km 为陈家堡村,间墙南北向

注:* 据"极冲"敌台密度高的结论,列出可能的正城位置。

至此，昌镇居庸路八达岭下和石峡下的十座隘口可以确定六座，包括"八达岭下"和"石峡峪下"的全部隘口。十座隘口总体情况见表3-3（表中另附横岭下隘口8座）。

延庆明代砖石长城隘口分布位置统计一览表 表3-3

序号	归属	隘口名称	位置编号	地理坐标*	地理特征描述（《四镇三关志》《三关边务总要》）	军事防卫级别
1	八达岭下	石佛寺口	17~19	116°1′E, 40°20′N, 海拔：513m	草花顶迤南，通步；正口两山壁立，中通沟路，难行	缓
2		青龙桥东口	28~29	116°1′E, 40°21′N, 海拔：630m	东西顺青龙墩迤东，北山墩迤西，俱平。通众骑；山势内平外险	极冲
3		王瓜谷	待考		赵家驼墩三空。俱平漫。通众骑	极冲
					水口宽漫。南北石门地高；内平外险	冲
4		八达岭口	43	116°0′E, 40°21′N, 海拔：660m	自熊窝顶至门西敌楼，平漫，临大川，通众骑；内平外漫，为宣大咽喉	极冲
					余通步	缓
5		黑豆峪	待考		内平外漫。威请墩至冲谷墩通众骑	极冲
					余通单骑	冲
6		化木梁	待考		平漫，中三墩空，通众骑；内险外平，人马可行	极冲
					余通步	缓
7		于家冲	待考		正关水口通大川，平漫。西山墩迤西至青石顶墩，通于家沟，俱通众骑。正城迤东一空，通单骑	极冲
					水口正城迤东一空，通单骑	次冲
					余通步、单骑	缓
					青石顶山势外平内险	
8	石峡下	花家窑	81~83	115°56′E, 40°18′N, 海拔：812m	内外高险。龙芽菜沟通单骑。城东头至西头水口平漫，通众骑	极冲
9		石峡峪口	88~89	115°56′E, 40°18′N, 海拔：705m	城东至石崖子口，又西山墩至镇房墩俱通单骑	冲
10		麇子峪口	96~95	115°53′E, 40°18′N, 海拔：733m	正关水口并镇西墩至南山墩通陈家坟，俱平漫，通众骑	极冲
					余通步	缓

续表

序号	归属	隘口名称	位置编号	地理坐标*	地理特征描述（《四镇三关志》《三关边务总要》）	军事防卫级别
11	横岭下	软枣顶	待考		正关东北，山势险峻，止通单骑。口外平，沟内薄梁	极冲
12		石板冲			无记录	缓
13		牛腊沟			通大川；内外山峻，牵马可上	极冲
14		西山安			余通步	缓
15		桑木顶			外梁平，内山险，可通单骑	缓
16		东黄鹿院			平漫，通众骑；山梁高险，牵马可上	极冲
17		秋树洼			平漫，通众骑	极冲
18		西黄鹿院			正城，嘉靖四十四年建，正安并西安俱平漫，通众骑	极冲

注：* 数据引自"长城小站"中国长城建信息数据库。

从隘口距离、相关敌台密度、空心敌台和附墙台的类型三方面入手，进一步总结与分析考证结果与长城隘口分布除地形之外的相关规律。首先是各隘口之间的距离研究，相关数据见表3-4。

已知隘口间距调查数据统计一览表　　　表3-4

序号	隘口	间墙总距离		路程距离*		直线距离		《三镇边务总要》记录距离（明代里）	备注
		m	明代里	m	明代里	m	明代里		
1	石佛寺口—青龙桥东口	2876.76	4.99	2862.22	4.97	1794.12	3.11	三	相邻隘口
2	青龙桥东口—八达岭口	3050.64	5.30	1970.74	3.42	1211.33	2.10	六	三隘口
3	八达岭口—花家窑	8721.40	15.14	12845.00	22.30	6345.20	11.02	十一	五隘口
4	花家窑—石峡峪口	2194.87	3.81	3145.00	5.46	1073.39	1.86	三	相邻隘口
5	石峡峪口—麋子峪口	2918.99	5.07	5249.50	9.11	1529.39	2.66	三	相邻隘口

注：* 以现状公路里程为参照。

根据表3-4，石佛寺口至青龙桥东口、八达岭口至花家窑、石峡峪口至麋子峪口的距离接近直线距离，青龙桥东口至八达岭口、花家窑至石峡峪口的距离接近间墙距离，而路程距离几乎未被采用。采用间墙距离记述的长城段落，其墙体走向都有明显的转折，即造成了直线距离明显小于敌台间墙体的距离的结果。在这种条件下，强调实务的笔者则采用了"墙体长度"计算两者之间的距离，而长城走向未发生重大转折，即较为平直的段落，笔者则采用了较为抽象化、概念化的直线距离计算。直线距离，对烽火信息传递影响大，而间墙距离，对沿墙布防有着实际意义。

由此可见，在强调边志的明代中后期，地理志具有相当的科学性、精确性。《三镇边务总要》在编写过程中，采用了"计里画方"的方式计算两地之间的距离，记述准确，对这类距离信息的利用为今后的考证提供了重要依据。

在分析隘口与间墙具体关系时，结合"缓、冲"，对已确定隘口的定性结论做进一步的定量分析（表3-5）。

延庆明代砖石长城已确定隘口"间墙"数据统计一览表　　　表3-5

序号	隘口名称	间墙编号	间墙长度		地理标识与状态
			m	丈	
1	石佛寺口	16~17	166.30	52.0	东山，修复
2		17~18	19.80	6.2	正城，修复
3		18~19	25.0	7.8	正城，修复
4		19~20	67.10	21.0	西山，修复
5	青龙桥东口	27~28	177.50	55.5	东南山，原貌
6		28~29	227.41	71.1	正城，损毁132.19m（建青龙桥火车站）
7		29~30	62.80	19.6	西北山，原状
8		30~31	490.30	153.2	西北山，原状
9	八达岭口	40~41	117.20	36.6	北，修复
10		41~42	113.10	35.3	北山垣，修复
11		42~43	45.20	14.12	关城，修复
12		43~44	33.80	10.6	关城，修复
13		44~45	61.20	19.1	南山，修复
14		45~46	143.10	44.72	南山，修复
15	花家窑	81~83	491.50	153.6	正城，修缮；断口27.30m；修复敌台83'，与83距离126.1m
16		83~84	74.70	23.3	西山，修缮
17	石峡峪口	87~88	677.70	211.8	东山，原状
18		88~89	500.8	156.5	正城，修建公路损毁271.20m
19		89~90	1014.70	317.1	西山垣，原状

续表

序号	隘口名称	间墙编号	间墙长度 m	间墙长度 丈	地理标识与状态
20	糜子峪口	91~92	56.86	17.8	东西向，原状
21		93~94	54.74	17.1	东西向，原状
22		94~95	73.06	22.8	南北向，原状
23		95~96	354.12	110.7	正城，南北方向垣，原状
24		96~97	154.60	48.3	南北向，原状
25		97~98	104.90	32.8	南北向，原状
26		98~99	64.20	20.06	南北向，原状

在以上六座隘口中，石佛寺口正城由三座敌台和相应的间墙组成，间墙分别长25m和19.8m；青龙桥东口敌台分布于正城两侧山坡，正城227.42m；"八达岭口"关城两侧的间墙分别长33.80m和45.20m；花家窑敌台分布于谷口两侧山坡，正城长491.50m；石峡峪口敌台分布于两侧峭壁顶，正城500.8m；糜子峪口敌台沿山梁分布，正城354.12m。这些隘口中，正城由"短间墙"组成的只有石佛寺口与八达岭口，花家窑口、糜子峪口、花家窑与石峡峪口的正城长度远超"短间墙"（64m以内）的定义范围。

而正城两侧的间墙，石佛寺口西山间墙长为67.1m，青龙桥东口西北山间墙长为63.80m，八达岭关南山间墙长为61.2m，花家窑口西山间墙长为74.7m，糜子峪口正关北侧三处间墙长分别为73.06m、54.74m、56.86m，形成L形凸角，南侧稍远一处间墙长64.20m，其余稍远的短间墙目前不确定属于糜子峪还是下一段隘口，暂不列入讨论范围。而其他隘口正城两侧间墙都呈现"短"的特点。这种现象说明，利用地势而凭坡修筑密集的敌台，是对隘口防务的典型范式。

对于花家窑，特别是石峡峪口正城墙垣长，根本原因在于其隘口附近有城堡进行防务。花家窑口和石峡峪口都有同名城堡进行防务。

以上工作对确定地点代考型隘口位置提供了基础和参照。

二、延庆明代砖石长城"地点待考型"隘口的研究与考证

地点代考型隘口包括王瓜谷、黑豆峪、化木梁和于家冲。东沟村长城地理上处于八

达岭口和花家窑之间，应为"黑豆峪""化木梁"和"于家冲"中的一座。对其历史身份的认定，不但可以重建长城历史，更是将历史与现状、未来深度连接的契机。而基于历史考证的认知与价值挖掘，正是认知建筑遗产和科学保护的基础。

1. 东沟村长城的元素与形态

依照以上的研究结论，首先从位置、地形地貌、敌台分布、间墙长度等方面判断东沟村长城是否为隘口。

东沟村长城全长3697.40m（图3-7），包括一段已经坍塌的谷口障墙（延庆70号敌台，国家编号：110229352101170070），西侧分布6座空心敌台（W1～W6，分别对应编号延庆71～76号敌台），东侧分布4座空心敌台（E1～E4，分别对应总编号延庆69～66号敌台）。除E1敌台上方整合了一处山险岩石外，各敌台之间采用间墙相连。东沟村长城总体分布充分利用地形，连两山之峰，下挡山谷之"冲"，沿山脊分布。敌台及其间墙的数据见表3-6。

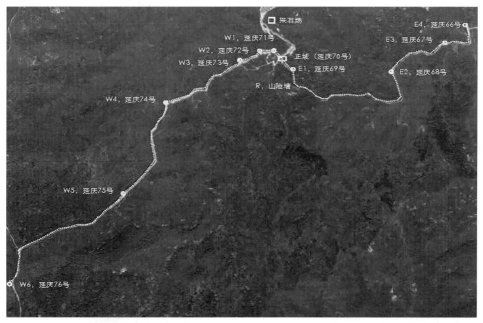

图3-7 东沟村长城的构成元素与平面形态

东沟村长城墙体长度一览表　　　　表3-6

序号	东沟村长城敌台/延庆敌台编号	间墙编号	墙体长度（m）	备注
1	E4/66			
2	E3/67	E3～E4	232.50	
3	E2/68	E2～E3	354.20	
4	山险岩石R	R～E2	719.20	
5	E1/69	E1～R	77.40	
6	坍塌断口B		35.20	障墙原长 42.8m
7	WF/70	WF～E1	82.20	
8	W1/71	W1～WF	33.70	
9	W2/72	W2～W1	46.50	
10	W3/73	W3～W2	109.40	
11	W4/74	W4～W3	471.60	
12	W5/75	W5～W4	510.39	
13	W6/76	W6～W5	664.13	
14	总计		3336.52	

通过勘测数据可知，正城原长42.8m，西侧两相邻间墙长度依次为33.7m、46.5m，东侧相邻间墙为82.20m，即隘口正城由西侧三座、东侧一座共计四座空心敌台，三面64m以内的短间墙守卫。而西侧较远的间墙，长度都在480m左右，东侧较远间墙的长度在320～640m上，属于长间墙。

结合地形地貌可以看出，短间墙、密集的空心敌台分布于山坡部位，长间墙、稀疏的空心敌台分布于山梁之上，隘口正城堵塞山谷。正城、密集的敌台用于守卫战斗，稀疏的敌台主要用于观察敌情和传递信号，以及沿长城布置与调遣兵力。这种形态与分布符合隘口的典型特征。

从具体的墙台连接方式观察，敌台的位置与朝向完全以防守为主，而不顾及与间墙的连接是否"平滑"。墙台关系符合谭纶（1520—1577年）请建空心台时"务处台于墙之突"的设计策略，以形成有效防守（图3-8）。敌台与间墙连接的方式，进一步证实了敌台和间墙的建设次序，同时表明长城敌台与间墙的连接性服从于地形、服从于战争、服从于营造的特点。

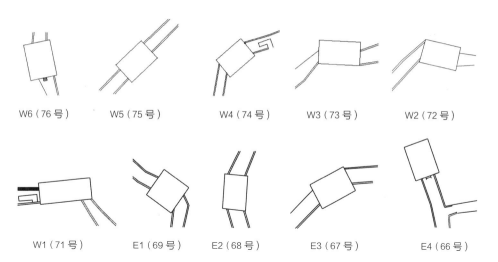

图 3-8 东沟村长城敌台与墙体关系平面示意图

图 3-9 E1（69号）与 E2（68号）之间的山险

图 3-10 西1台（71号）与东沟村长城正城障墙（70号）间墙连接的状况

　　由于具体的地形地貌和高差等原因，间墙不完全拘泥于简单连接敌台，而是创造出千变万化而又遵守基本规则的实例，例如东沟村长城 E1（延庆69号）东侧将山险岩石整合到防守体系中，造成上下两段墙体的高差为22.70m。E1台后的墙体直抵岩石下部，而在岩石顶上重新开始（图3-9）。而 W1（71号）与正城（70号）的间墙也存在较大高差，需要外部的通道连接（图3-10）。

　　由于墙体的连接方式多样，在靠近敌台的间墙内侧设有"小门"以方便军士登城和敌台，集结或者疏散兵力。东沟村长城现存的11段间墙中，共有17座小门（表3-7）。小门的设计同样来自于谭纶与戚继光，其《请建空心台疏略》称"将塞垣稍微加厚，二面皆设垛口，计七八十垛之间，下穿小门，曲突而上"。而七八十垛则成为小门间距的设计值。

东沟村长城间墙、小门信息一览表　　　　表3-7

序号	间墙编号	墙体长（m）	小门数量	小门编号	小门定位（两侧构筑物）	距离(m)
1	E4～E3	232.50	2	WG-1	E4	26.09
2				WG-2	WG-1	181.29
					E3	6.09
3	E3-E2	354.20	1	WG-3	E3	200.05
					E2	120.34
4	E2～E1	796.60	5	WG-4	E2	5.91
5				WG-5	WG-4	173.89
6				WG-6	WG-5	167.33
7				WG-7	WG-6	206.49
8				WG-8	WG-7	125.95
					山险岩石R	12.67
9	W1～W2	46.50	1	WG-9	W1	0.75
					W2	38.72
10	W2～W3	109.40	1	WG-10	W3	88.65
					W2	9.26
11	W3～W4	471.60	3	WG-11	W3	27.09
12				WG-12	WG-11	243.52
13				WG-13	WG-12	154.96
					W4	6.14
14	W4～W5	510.39	2	WG-14	W4	211.00
					WG-15	167.65
15				WG-15	W5	102.60
16	W5～W6	664.13	2	WG-16	W5	77.28
					WG-17	194.27
17				WG-17	W6	358.23
	总长					2906.20
	平均距离					116.25

　　以"七八十垛"的中位数75垛作为标准，小门的平均间距为36.3丈，则每垛口长度约为0.49丈，与"边墙每丈一垛"的记录相差一倍。

2. 东沟村长城及延庆明代砖石长城隘口考证

　　东沟村长城历史身份的考证有两种方法。第一种采用"路程—比例法"，将历史文献所确定的路程比例关系，推演到现状测绘数据中进行定位。第二种则是通过考察"坡—谷"地形与密集的敌台构筑，整体分析八达岭口和花家窑之间的黑豆峪、化木梁和于家冲口的位置，进而确定东沟村长城的历史身份，可称之为"地形—构筑法"。

根据表 2-3 所记述《三镇边务总要》的隘口间距，计算黑豆峪、化木梁和于家冲口在"八达岭口—花家窑"段落中的比例。黑豆峪位于 3/11 处，化木梁位于 6/11 处，于家冲位于 8/11 处。现状勘测的八达岭关城至花家窑口的距离为 8646.70m，八达岭关城到东沟村长城隘口的距离为 4913.20m，位置比例为 0.57，据此判定东沟村长城是"化木梁"。

依照"路程—比例法"（图表 3-1），则青龙桥东口与八达岭口现状勘察距离为 2918.45m，处于中点的"王瓜谷"位于 34~35 号敌台之间，间墙长 490.0m；"黑豆峪"位于 47~48 号敌台间，间墙长 95.9m；"于家冲"位于 75~76 号敌台之间，间墙长 664.13m。

"地形—构筑法"首先根据谭纶所给定的标准确定短于 96.0m 的间墙，具体统计见表 3-8。

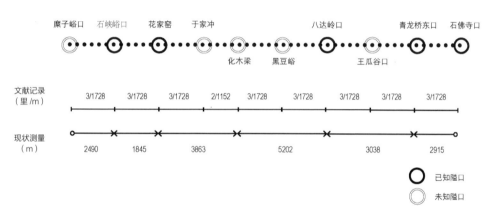

图表 3-1　延庆砖石长城关隘距离（由西向东）历史文献与现状勘测结果对比

延庆明代砖石长城已知隘口密集敌台（间距 ≤ 96m）数据统计一览表　表 3-8

序号	隘口名称	位置编号*	敌台间距（m）	现状构筑情况
1	石佛寺口	17~18	19.80	正城三座敌台，2 间墙长 57.6m 以内
2		18~19	25.0	
3		19~20	67.10	西山敌台 1 座，间墙长 57.6~96m
4	青龙桥东口	28~29	227.41	正城，损毁 132.19m（建青龙桥火车站）
5		29~30	62.80	西北山敌台 2 座，间墙长 57.6~96m
6	八达岭关	42~43	45.20	北山敌台间墙 57.6m 以内
7		43~44	33.80	关城城门一座，南北墩各一座
8		44~45	61.20	南山敌台间墙长 57.6~96m
9	花家窑	81~83	491.50	正城，修缮；断口 27.30m；修复敌台 83 号，与 83 号距离 126.1m
10		83~84	74.70	西山敌台 2 座，间墙长 57.6~96m

续表

序号	隘口名称	位置编号*	敌台间距（m）	现状构筑情况
11	糜子峪口	91～92	56.86	敌台各2座，间墙长57.6～96m
12		93～94	54.74	
13		94～95	73.06	敌台3座，2间墙长57.6～96m
14		95～96	354.12	正城，南北方向垣，原状
15		97～98	104.90	敌台3座，2间墙长57.6～96m，1间墙长稍大于96m
16		98～99	64.20	

根据上表可以看出，这一段谷口较为宽阔，普遍超过192m。这一现象不排除谷口内有敌台损毁，但可能性不大。谷口两侧山坡敌台密度很高，各隘口两侧均有二座或多座57.6～96m（30～50步）间距的敌台守护。从形态上，隘口平面多为向外凸出，立面则形成连接"两峰夹一谷"的V形。

分析密集敌台的分布区域，是确定隘口地点的手段之一。花家窑至八达岭关城间，57.6m（30步）之内的敌台包括编号为58～59号、71～72号，可谓"极冲"。而距离在30～50步的敌台则有6段，形成了3组密集敌台组群，分别对应50～53号、57～59号、60～61号和69～70号、71～72号（表3-9）。这3组敌台同时符合"坡—谷密集敌台"型（图表3-2）。结合地形海拔和军事分析做出判断，以上3段则应分别对应黑豆峪、化木梁和于家冲。结合地形，"黑豆峪"位于53～54号敌台之间（图3-11），58～60号间为"化木梁"（图3-12、图3-13），东沟村长城的延庆70号敌台为"于家冲"正城（图3-10）。

延庆明代砖石长城密集敌台（间距≤50步）数据统计一览表　　表3-9

序号	敌台编号	敌台间距		相关已知名称隘口
		m	步	
1	17～18	19.80	10.3	石佛寺口
2	18～19	25.00	13.0	
3	19～20	67.10	34.9	
4	29～30	62.80	32.7	青龙桥东口
5	33～34	35.00	18.2	
6	36～37	72.30	37.7	
7	42～43	45.20	23.5	八达岭关城
8	43～44	33.80	17.6	
9	44～45	61.20	31.9	
10	50～51	63.10	32.9	
11	51～52	88.70	46.2	
12	52～53	92.40	48.1	

续表

序号	敌台编号	敌台间距		相关已知名称隘口
		m	步	
13	57～58	76.80	40.0	
14	58～59	55.00	28.6	
15	60～61	95.50	49.7	
16	69～70	82.20	42.8	东沟村长城
17	71～72	46.50	24.2	
18	83～84	74.70	38.9	花家窑
19	91～92	56.86	29.6	
20	93～94	54.74	28.5	糜子峪
21	94～95	73.06	38.1	
22	98～99	64.20	33.4	
23	104～105	68.30	35.5	

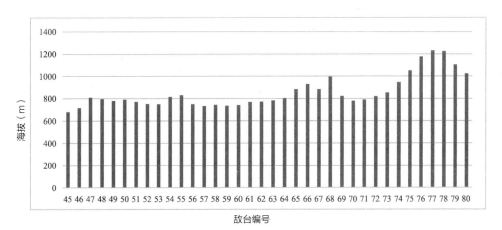

图表 3-2　45～80 号敌台海拔高度统计图

图 3-11　53～50 号敌台（拍摄位置为 53～54 号敌台间墙）

图 3-12 60～56 号敌台远眺（拍摄位置为 61 号敌台）

图 3-13 56 号眺望 57 号敌台（拍摄位置为 56 号敌台）

　　历史文献中的"地理标志物"也有助于确定隘口历史身份。图表 3-2 中，77 号敌台处于制高点"青水顶"侧峰，海拔 1230.20m，其东西两侧分别为东沟村长城和花家窑，两隘口间没有其他符合隘口地形的位置，也可以确定东沟村长城为"于家冲"。《四镇三关志》与《西关志》中提到的"青石顶""于家沟""孤石山顶"等标志物，表达应为同一地理特征，甚至是同一地点。东沟村长城西被称作"青水顶长城"。"青水顶""青石顶"和"孤石山顶"的名称有诸多相似之处，因此综合判断，东沟村长城即是明代昌镇居庸路八达岭下的"于家冲"。据"于家冲口通于家沟"，可以推论东沟即明代文献中的于家沟，而 56～60 号敌台的海拔相似，地貌为一座山梁，即"化木梁"长城。这些地理特征均可以验证隘口"坡—谷密集敌台"的模式。

　　同样地，青龙桥东口与八达岭关城之间，33 号、34 号间距在 57.6m 以内，36 号、37 号间距在 57.6～96m 之间，都属于"冲"处，与"王瓜谷"隘口相关。而具体的正城确定,则需要结合具体地形和军事防守进行分析。王瓜谷完全由长城包围,从而使得该山谷完全成为一条"内谷"。由于该谷口距离八达岭关城仅约500m,故而采用一般的谷口防守策略,十分容易造成八达岭关腹背受敌的被动局面。具体而言,延庆35号敌台为海拔制高点和长城线路转折处,35~37号的间墙向西延伸,山险和间墙阻塞通往北侧滚天沟的小路(图3-14),32号敌台海拔最低,以33号、34号"冲"台守卫。军事守卫方面,32~33号间墙的防守难度大于35~36号敌台间墙。32~33号处的进攻来自小张家口堡方向,这与文献记载的"入犯"路径吻合。结合以上分析可知,王瓜谷正城应在32~33号敌台之间。

图3-14　35~36号敌台间墙状况(拍摄位置为35号敌台)

王瓜谷隘口正城位置之所以难以确定,是由于防务放弃了谷口选择了山梁,从而使其防守由集中于山谷"一点"化为山梁"一线"。这种调整,很可能是隆庆朝建设空心台而导致部分隘口位置有所调整造成的。这种调整使得原来点状分散的隘口,成为沿长城排列的一线,从而造成之前大量脱离砖石长城一线的"里口"逐渐被削弱以致消失。

将"路程—比例法"与"地形—构筑法"两种方法的结论进行比较,王瓜谷、黑豆峪、化木梁和于家冲的隘口位置的初步结论出现矛盾(表3-10)。结合地形、隘口形制和长城走向的"地形—构筑法"分析更全面,因此更可信。两种研究方法的矛盾之处,可以进一步结合地形和历史文献记录的各隘口通行关系加以验证。大范围的地形研究,特别是考察局部地理特征符合"坡—谷密集敌台"规律的隘口交通能力,是对初步研究结论的检验与更正。

延庆明代砖石长城"地点待考型"隘口研究结论比照　　　　表3-10

序号	隘口名称	正城位置编号	
		路程—比例法	地形—构筑法
1	王瓜谷	34~35	32~33
2	黑豆峪	47~48	54~53
3	化木梁	68~69	59~60
4	于家冲	75~76	70

"八达岭—石峡"长城一线的目的是阻塞"延怀盆地"经过山地进入华北平原。从地形上（图3-15）可以看出，延庆明代砖石长城连三峰、锁两谷。石峡峪的两条道路分别通往石峡堡和河北省怀来县的陈家堡村。关沟和石峡峪之间的两条小型山谷与长城交接的位置，就构成了隘口的地理条件。其中，西侧山谷呈Y形，由南园村向南，在东沟村处分叉，向西抵达东沟村长城，向东抵达57~60号敌台，该处墙体外侧有三座烽火台遗存；东侧山谷由黑龙潭起，向南抵达53~54号敌台处。这一结果为隘口"坡—谷密集敌台"地形构筑特征的研究方法以及结论提供了有力支撑。因此可以确定，东沟村长城70号敌台为"于家冲"正城，56~57号或59~60号敌台之间为"化木梁"正城，53~54号敌台之间为"黑豆峪"。而"化木梁"正城位置的确定综合了长城内外的地形，56~60号敌台之间的海拔高度差别不大，全部面向北侧的山谷，59~60号处地势内外都较平缓，因此判断此处为其正城所在。

东沟村长城为"于家冲"的另一力证是2008年东沟村西四台（74号敌台）修缮时出土的敌楼鼎建碑（图3-16）。该碑竖式圜首，长85cm，宽50.5cm，厚15cm，采用青石制成，保存比较完整。碑文阴刻楷书，竖写17行，每行9~24字，共385字。表面风化较严重，字迹脱落较多但碑名依然可读，为"于字西四□□题名记"，推测其完整名称为"于字西四号台题名记"。这说明该敌台为"于"字头隘口的西侧第四号敌台，符合于家冲段命名条件。结合位置，74号敌台恰为70号正城西侧的第四座敌台，更加可以确定东沟村长城为明代"于家冲"无疑，东沟则为明代的"于家冲沟"。

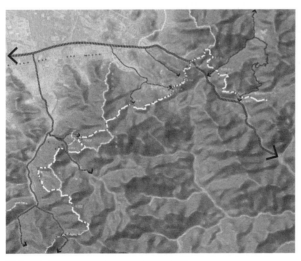

图3-15 延庆砖石长城与地形关系示意图

图3-16 八达岭古长城西4台（74号敌台）出土的鼎建碑

延庆明代砖石长城的隘口正城的形式可以分为三种。第一种与普通间墙没有区别，横卧于山谷之中，即"障墙"，这种类型为隘口的主要形式，包括王瓜谷、黑豆峪、化木梁、花家窑、糜子峪口；第二种为城台式，多用于跨度较小的隘口，"于家冲"正城就是这种情况；第三种则采用空心敌台与短障墙的组合形式构成隘口，例如石佛寺口。隘口正城均不具备人员通行的功能，而八达岭作为高一级别的防守单位，采用关城的形式，控制内外的交通，因此也是大规模军事冲突或贸易交流的通道。

3. "糜子峪"迤南长城隘口的考证

"糜子峪"迤南的隘口考证，对延庆明代砖石长城的阐释意义重大。这意味着延庆区可能同时包含昌镇黄花路、居庸路和横岭路三路长城墙体和空心敌台。

根据历史文献，糜子峪口迤南为"昌镇横岭路白羊口下"范围。《四镇三关志》记载"昌镇横岭路"的"白羊口下"的隘口如表3-11。该处隘口共计八座，其中两座为永乐朝所建，即"软枣顶"和"西山安"，且都处于"缓"处。"白羊口堡"始建年代不确定，加固于景泰元年（1450年）。嘉靖二十三年（1544年）增设隘口三座："石板冲""牛腊沟"和"桑木顶"。其中"石板冲"和"桑木顶"处于"缓"处，而"牛腊沟"则为"极冲"。嘉靖四十四年（1565年）继而在西侧又添设三座隘口："东黄鹿院""秋树洼"和"西黄鹿院"，且皆为"通众骑"的"极冲"之处。这一段自隆庆三年至万历元年（1569—1573年）的5年间，逐渐建造了十九座空心敌台，边墙总长十一里。

《四镇三关志》中横岭路"白羊口下"隘口基本信息一览表[1]　　　表3-11

序号	长城段落及长度	空心敌台数量与建设年代	附墙台数量	隘口名称	隘口建设年代	军事防卫级别	地理特征描述
1	横岭路白羊口下；边城十一里；嘉靖三十年建（1551年），四十四年（1565年）修	一十九座；隆庆三年至万历元年分批逐步建设	三座	软枣顶	永乐	缓	
2				石板冲	嘉靖二十三年	缓	
3				牛腊沟		极冲	通大川，平漫，通众骑
4				西山安	永乐	缓	通步
5				桑木顶	嘉靖二十三年	缓	
6				东黄鹿院	嘉靖四十四年	极冲	平漫，通众骑
7				秋树洼			
8				西黄鹿院			正城，正安并西安俱平漫，通众骑

[1] 据（明）刘效祖《四镇三关志校注》"昌镇形胜·乘障"编制。

《三关边务总要》中记载的隘口仅四座："软枣顶""牛腊沟""桑木顶"和"黄鹿院"（表3-12）。其中，"软枣顶"为"极冲"。《昌平州志》的记录与之完全一致，更对上述防务等级有所补充："软枣顶……极冲""牛腊沟……极冲""黄鹿院……极冲"。《三关边务总要》中的记录与《四镇三关志》的差别主要在于隘口数量以及对隘口"冲""缓"的判定。隘口数量方面，《三关边务总要》没有记录"石板冲""西山安"与"秋树洼"，也未区分"东、西鹿院"。需要指出的是，《四镇三关志》与《三关边务总要》有关昌镇诸隘口的记述中，数量的差异仅体现在"白羊口下"这一范围，推测可能是在万历朝，这一区域的防务进行过调整。但两者较为一致的是长城长度，《四镇三关志》中记载"边城十一里"，而《三关边务总要》记载自"糜子峪"至"黄鹿院"长度为十二里，且自"居庸路"最西隘口"糜子峪口"以西，四座隘口间距呈现递减，其中最为特殊的是"糜子峪"至"软枣顶"正城的距离，几乎是横岭路隘口的最远距离，而"桑木顶"距离"黄鹿院"仅一里，可以说是距离最近的两座隘口之一。

《三镇边务总要》"白羊口下"隘口名称、距离与地理特征一览表[1]　表3-12

序号	归属		隘口	至上一隘口间距（里）	军事防卫级别	地理特征描述
	镇—路	关				
1	昌镇横岭路	白羊口下	软枣顶	六*	极冲	正关东北，山势险峻，止通单骑。口外平，沟内薄梁
2			牛腊沟	三		内外山峻，牵马可上
3			桑木顶	二		外梁平，内山险，可通单骑
4			黄鹿院	一		山梁高险，牵马可上
			总计	十二		

注：* 至居庸路"石峡峪下"糜子峪口。

关于"白羊口下"隘口的情况，成书更早的《西关志》与上述文献更加不同。其记载"白羊口"属"居庸关所辖西路隘口"，下"辖隘口一十处，守备一员统之。兼制长峪、横岭、镇边三城"。十座隘口为"白羊口堡、清泉口、老姚城、松湖片口、泥窝口、卧子头口、桑木沟口、牛腊沟口、石板冲口、西山庵口"。这些隘口中仅有"石板冲""牛腊沟""桑木沟（顶）""西山庵（安）"四座隘口能够与《四镇三关志》对应，且有两座名称发生了演变，而能够与《三关边务总要》相对应的隘口，只有"牛腊沟"与"桑木顶"二座。

---

[1] 据（清）于敏中《日下旧闻考》卷一百五十四"边障"编制。

《西关志》记载"白羊口下"隘口基本信息一览表[1]　　表3-13

序号	从属	隘口名称	构筑内容	归属	军事防御级别
1	居庸关下辖一西路隘口一白羊口隘口一十处	白羊口堡	原设旧城，景泰元年重建。堡城一座，周围七百六十一丈五尺。东西城门楼二座，东月城门一空，敌楼四座，水旱门五空，城铺一十五间，护城墩一十二座	东北至关四十里，隆庆卫地方，昌平州界	外口紧要
2		清泉口	正城一道，水门一空，梢墙一道，拦马墙二道	东南至关四十五里，隆庆卫地方，昌平州界	里口稍缓
3		老姚城	拦马墙二道	东南至关五十里，隆庆卫地方，昌平州界	里口稍缓
4		松湖片口	正城一道，过门一空	东南至关六十里，隆庆卫地方，昌平州界	外口紧要
5		泥窝口	正城一道	东南至关七十里，隆庆卫地方，昌平州界	外口紧要
6		卧子头口	正城一道	东南至关八十里，隆庆卫地方，昌平州界	外口紧要
7		桑木沟口	正城一道，梢墙二道，敌台二座	东南至关一百二十里，隆庆卫地方，昌平州界	外口紧要
8		牛腊沟口	正城一道	东南至关一百六十里，隆庆卫地方，昌平州界	外口紧要
9		石板冲口	正城一道	东南至关一百六十五里，隆庆卫地方，昌平州界	里口稍缓
10		西山庵口	敌台一座	东南至关一百七十里，隆庆卫地方，昌平州界	里口稍缓

　　这一区域隘口差异所反映的局部区域防务系统的变迁，集中体现了嘉靖朝至万历朝明代长城军事的激变，特别是由"守口"向"守墙"的演化，以及由此带来的隘口增废和全局防务调整，即前文所述的由守散点转化为守线。隘口名称的演化突出说明了嘉靖朝采用守隘口的方式，而隆万时期逐渐向守边墙演变，典型的案例如"桑木沟"向"桑木顶"的变化。隆万时期是空心敌台和间墙建设的主要时期，在新型防御设施大量建设的基础上，防守也由被动的"山谷塞垣"，转化为攻守结合的空心敌台和带有雉堞女墙的长城，从而由"沟"及"顶"。就区域的组织而言，部分"里口稍缓"的沟内塞垣被削弱或放弃，而"外口紧要"的边境则进行了重新构筑，调整与重新组织兵力及相关防守。

　　《西关志》记录了"昌镇"析出之前居庸关地区的防御情况。"白羊口下"的十座隘口沿白羊口内山谷由南向北分布，其构筑基本以正城、梢墙、挡马墙为主，仅在距离"白羊口"五里的"清泉口"，军事构筑才成规模、成体系一些。而最远的"西山庵口"，只有"敌台一座"，甚至连基本的防守作用都无法发挥。通过地形与军事分析，白羊口向北的山谷可通陈家堡村，因此"白羊口"及其辖下的隘口，形成了类似"八达岭—上

---

[1] 据（明）王士翘《西关志》编制。

关—居庸关—南口"的"纵深防御体系"。而北部隘口也与西部隘口关系密切。"抑又岔道左腋之山即居庸一带外口，如化木梁、于家冲、花家窑、石峡峪、糜子峪、牛腊沟、石板冲，具相连在数里间。倘虏骑至此，四驰横奔，则关内地方如汤峪口、青龙桥、西松湖片、白羊堡等皆可通达"。

《四镇三关志》主要记载了隆庆朝的防御设置。这一区域由于开始了空心台的建设，隘口由南北"顺谷"纵深方向，向东西"连峰跨岭"的横向转化。而昌镇的独立设置，也使原来归为居庸关西路的"白羊口""长峪城"和"横岭""镇边城下"，转编为昌镇横岭路的"白羊口下""长谷（峪）城下""横岭下"和"镇边城下"。指挥中心由白羊口迁至横岭。这一转变使防御线进一步向北、向西推进，从而充分发挥地形的优势，与居庸路的隘口形成一线，防御来自"延怀盆地"的攻击。具体而言，即将永乐时期建设的"软枣顶"归入横岭镇白羊口下，从而加强昌镇防御的整体性，而向西则纳入"东黄鹿院""秋树洼"和"西黄鹿院"三口。防线从南北谷地转为东西峰梁，实现了"山险我有"。从地缘关系与沿革看，"软枣顶"应与"石峡峪下"和"白羊口下"关系密切，但在《西关志》中并未有记述。《四镇三关志》记录其建于永乐朝，应属于"塞垣"式的短墙。

据《四镇三关志》的"形胜·乘障"记述，以沿墙隘口为依据，而其他部分的记录则说明，其管辖范围并不限于这些隘口。这种记述方式也表明了隆庆朝与嘉靖朝防务的差别：守墙和守谷。而在其"昌镇经略·杂防"的"铲偏坡"中，记录了"居庸路，灰岭口起，至软枣顶止，土石偏坡一万三千三百六丈"。"横岭路，松湖口起，至高堂口止，土石偏坡一万八千六百八十一丈"。此处似将"软枣顶"纳入到居庸路的防御范围，可见其位置处于两路交界位置，甚至与居庸路的关系更为密切；而横岭路的"松湖口"和"高堂口"，俱属于离墙隘口。这几处隘口的地理位置和关系，参照该书的"昌镇夷部·入犯"可以作出一定推测。从怀来突破南山联墩而进入"棒槌峪"山谷，向东南方向有两条岔路进犯，一条可抵达"花家窑、石峡峪、糜子峪"，而另一条通道同样在东南方向，通往"软枣顶、石板街、西山庵、牛腊沟"等口，进而向南抵达"桑木沟、黄鹿院、东西二庵、秋树洼"。这不但可以明确隘口的层次，也可以看出"守墙守口组合"的模式。《三关边务总要》中反映的万历朝初年，在实施间墙工程之后，白羊口管辖下的隘口进一步调整的情况，即沿墙的隘口被整合为记录的四座：软枣顶、牛腊沟、桑木顶和黄鹿院。

棒槌峪，即今延庆区帮水峪村，位于山谷之中，其村南道路分成岔路，可分别通往花家窑、石峡村与怀来县陈家堡村并继续向南延伸与向西延伸的砖石长城相交。自糜子峪的长城完全平行于该山谷及道路，并在北京延庆区与河北省怀来县的交接处转而向西，于该山谷交会于怀来县，地理坐标为 115°56′24″E, 40°16′6″N。该处距离糜子峪正城的墙体为6708.94m，合明代11.7里——这一距离几乎等于历史文献中记录的"白羊口下"的边墙距离。目前的地名中，在砖石长城南侧2km、白羊口以北的山谷路程约10km处，有一处地名为"黄楼院口"，地理坐标为115°56'38"E、40°14'19"N，有小路垂直通往长城，可抵达怀来"黄台子村16号敌台"，地理坐标为115°55'E、40°15'N，怀来"黄台子村27号敌台"，名称为"黄楼洼"。因此可以推测，陈家堡村往南山谷与长城交接的隘口不是"白羊口下"最西的隘口"黄鹿院"。

从"糜子峪"正城至该处山谷与长城交界处，延庆长城敌台编号为96～107号，怀来长城编号为黄台子1～6号，其中的"冲"台统计见表3-14。

"糜子峪"迤南砖石长城"冲"台数据统计一览表　　　　　表3-14

序号	敌台编号	敌台间距		相关信息
		m	步	
1	98～99	64.20	33.4	
2	104～105	68.30	35.5	103～104号间墙长度646.00m；105～106号间
3	106～107	156.10	81.3	墙长度1217.13m
4	黄5～黄6	133.00	69	黄4～黄5直线距离为170.00m，合88.5步

根据统计，这一段在50步以内的"冲"台为两组，即延庆98～99号敌台、延庆104～105号敌台；70步以内"冲"台一组，为黄台子5～6号敌台；80步以内的"冲"台一组，为延庆106～107号敌台。98～99号敌台间墙距离"糜子峪口"正城为530.24m，合0.9里；104～105号敌台距离"糜子峪口"正城为2983.73m，合5.2里；106～107号敌台距离"糜子峪"正城为4269.16m，合7.4里。黄台子6号敌台至糜子峪正城则为11.7里。结合地形分析，延庆104～105号敌台南侧有一道山谷，且有小路通往陈家堡村，而北侧有通往石峡村的小路，是长城破防的"极冲"位置之一，其北侧山峰及103号敌楼，则为该段的制高点。因此可以判定，此处为"软枣顶"正城最为可信。延庆106号敌楼北侧，也有通向石峡村的盘山小路，并且与104号敌台北侧小路在山谷内汇合。但此处外侧山势险要，且处于长城的凹角处，易守难攻。如果设置隘口的话，可能为"石板冲"的位置。而怀来黄台子6号敌台西侧的山谷处的长城已毁，地势符合"通大川""极冲"的特点，可能为"牛腊沟"正城的位置。而"桑木顶"与"黄鹿院"的具体位置，在将来资料充足的情况下，可以做具体的研究与考证。

至此，延庆明代砖石长城的隘口位置都已经确定，在此基础上，可以进一步考证其范围。

第四章　延庆明代砖石长城隘口的起始范围

各隘口起止范围的考证是深化长城认知的重要途径和价值阐释的主要内容。通过挖掘文献和实际勘测遗存的"二重证据法",揭示长城构筑营造的独特与真实。这种真实性重塑了延庆明代砖石长城的生命历程,是物质与历史特征的总和。经过历史的演化和岁月的沉积,延庆砖石长城成为具有独特性与唯一性的"本我"与"真我"。在真实性的支撑下,历史不再是抽象的文字记录,美也不再是没有标准的抽象概念,建筑遗产也不再是材料的集合,其自身所具有的价值也不再是程式化的描述,而真正地成为建筑遗产展示与阐释的对象,是公众真正能够"阅读"的历史与可以欣赏和理解的美。

一、延庆明代砖石长城隘口的起止点及范围

隘口作为明代砖石长城防御的最小军事单位,其范围的确定是长城整体认知的深化与提升。延庆明代砖石长城文献与构筑中,尚未发现处于原址分界碑及记录,能够完整标识各段的起止范围。对隘口起止点与范围的研究考证,即结合地形地貌、长城构筑和历史文献,匹配与隘口正城相关联的敌台,形成以隘口正城为中心、两翼包括若干敌台的段落。

对延庆明代砖石长城隘口范围研究可以分为三种假说。第一种是"台墙均分说",即假设两座隘口各管理其间的半数敌台。若敌台数量为偶数,间墙中点即是两隘口的起止点和结合部;若敌台数量为奇数,则将中间的敌台归入距离近的隘口。这种假说主要着眼于各隘口长度、数量均质管理。第二种是"地理单元说",考虑具体的防务需求,利用隘口"上跨两山,下当两山之冲"的规律,将处于同一防务地理单元的敌台划为一组。这一假说以独立于隘口管辖的"烽堠墩"为参照物。第三种是"遗存标识物说",其方法是分析分界碑、城工碑等历史标识物,虽然出土位置不详或信息有限,研究段落

中存有一定数量的长城分修城工碑、敌台鼎建碑等信息。本书以前两种方法入手，以第三种方法作为验证，实现"二重证据法"。

1. "台墙均分说"下的隘口起止范围判定

长城军事防御组织分为"镇、路、关（如八达岭下、石峡峪下）、隘"四级，同一隶属登记的隘口管辖或防守范围应平均，防务与压力应均等，这既有利于布防，也有助于补给、物资、武器的调配，实现由点到面的全局防御效果。根据这一假说，延庆明代砖石长城隘口的范围可以得到初步确定。

延庆明代砖石长城的隘口、间距、敌台情况如表 4-1。

延庆明代砖石长城隘口、间距、敌台情况一览表　　　表 4-1

序号	隶属	隘口名称	正城位置编号	距上一隘口敌台数量	距离上一隘口距离(m)	敌台平均间距(m)
1	昌镇 居庸路 八达岭下	石佛寺口	17～18	4*	1472.78	368.20
2		青龙桥东口	28～29	11	2906.29	264.21
3		王瓜谷	32～33	4	1162.28	290.57
4		八达岭口	43	10	2167.37	216.74
5		黑豆峪	52～53	9	1399.40	155.49
6		化木梁	59～60	7	1039.95	148.56
7	昌镇 居庸路 石峡下	于家冲	70	10	2755.25	275.53
8		花家窑	81～83	11	3606.65	327.88
9		石峡峪口	88～89	6	2251.75	375.29
10		糜子峪口	95～96	7	2416.54	345.22
11	横岭路 白羊口下	软枣顶	105～106	10	3937.20	393.72

注：* 距离川草花顶。

上表统计数据显示出了隘口间距一定规律。各"路"结合部的相邻隘口间距最远，各"关"结合部的隘口距离次之，各隘的间距不尽相同。居庸路"石峡峪下"糜子峪口与横岭路"白羊口下"软枣顶的间距为 3937.20m；"八达岭下"于家冲与"石峡峪下"花家窑口的墙体间距为 3606.65m。敌台的密度呈梯度分布："八达岭关城—黑豆峪—化木梁"为第一梯度，敌台间距为 150～200m；"王瓜谷—青龙桥东口—石佛寺口""于家冲—化木梁"为第二梯度，敌台间距为 250～300m；"于家冲—花家窑—石峡峪—糜子峪"为第三梯度，间距在 350m 左右；而"糜子峪—软枣顶"为第四梯度，敌台间距在 400m 左右。这种梯度分布对应了"八达岭下""石峡峪下"和"白羊口下"的组织架构。

根据"台墙均分说",各段隘口的起止范围见表4-2。

"敌台均分"假说下延庆明代砖石长城隘口范围一览表　　　表4-2

序号	隶属	隘口名称	正城位置编号	推测起止范围*	所辖敌台数量(座)	所辖长度(m)	备注
1	居庸路八达岭下	石佛寺口	17～18	14～23	10	2330.27	
2		青龙桥东口	28～29	24～32	9	3216.99	
3		王瓜谷	32～33	33～39	7	1790.43	
4		八达岭关	43	40～47	8	1223.85	含43号关城
5		黑豆峪	52～53	48～55	8	1235.55	
6		化木梁	59～60	56～64	9	1261.40	
7		于家冲	70	65～75	11	3526.84	含70号隘口正城
8	居庸路石峡峪下	花家窑	81～83	76～85	10	2740.17	
9		石峡峪口	88～89	86～91	6	3192.07	
10		糜子峪口	95～96	92～100	9	1861.02	
11	横岭路白羊口下	软枣顶	105～106	101～107	7	5779.47	

注：* 敌台数量为奇数时,中央敌台的归属参照距离确定。

在"台墙均分说"下,居庸路与横岭路交会于100～101号敌台之间,居庸路"八达岭下"与"石峡峪下"交会于75～76号敌台间墙。多数隘口所辖敌台在8～10台,不排除管辖敌台数量较少石峡峪口存在损毁或离墙敌台。管辖范围边墙总长度的差距却非常明显,所辖距离最短的八达岭、黑豆峪和化木梁,长度在1250m左右,而青龙桥东口、于家冲和石峡峪长度均为3000～3500m,相差不止一倍。而这种情形也符合实际的防务需求,"台墙均分说"的着眼点在于防务管理的平均,方法相对概念化与抽象,因此,需要综合军事、管理、地理条件等条件,分析具体的地形与防务情势作为支持。

2. "地理单元说"下的隘口起止范围研究

"地理单元说"主要考虑"上跨两山,下当两山之冲"的"峰—谷—峰"军事地理单元,发挥防守与瞭望传信两方面作用。"守"台贴近谷口正城,负责驻防、贮存补给和武器、作战；发挥"瞭望传信"功能的"烽燧墩"位于山峰,是两隘口的交接处。

研究策略以隘口正城为基点,向两侧"冲"台拓展,继而判定山峰、山梁的"缓"台,直至处于制高点的"烽燧墩"。"冲—缓"相交的部位为隘口内部防务的过渡区,而"缓—缓"相接的部分则为防务的交接处,即路、关口、隘口的起止点与结合处。方法上,首先确定"冲""极冲"台,以及间距较远的"缓"台。对于敌台密集但难以确定其隶属关系的段落，则分析地形与军事防务的组织关系，特别是引入"物理标识物"，辅助确定相应的起止点与段落。

就位置而言，表4-3中所列出的"冲"台包括隘口正城内以及临近隘口正城山脚、山腰和半山顶等位置的"冲"台。距离上严格考虑了文献的设计值与武器装备两方面因素。

空心敌台的"冲、缓"间距，因文献不同而存在一定差异。前文提到谭纶所述"缓者则计百步，冲者五十步或三十步"。刘应节记录实际修建的"冲"台间距，又将其分为"冲"与"次冲"，"冲台三五十步一座，远者不过百步，次冲百余步一座，远者不过百五十步。"这一实际建造间距，与戚继光在其《练兵实纪》中的描述较为类似。在《练兵实纪》的"杂集卷之六"的"车步骑营镇解"的"敌台解"中，戚继光记载空心敌台的密度为："凡冲处，数十步或一百步一台；缓处，或百四五十步，或二百余步不等者为一台，两台相应，左右相救，骑墙而立"。"烽堠"专门负责传信，采用墩台或者用空心敌台代替，所以这两类构筑的形式十分类似，甚至一致。"凡无空心敌台之处，即以原墩充之；有空心台处，相近百步之内者，俱以空心充墩。大约相去一二里，梆鼓相闻为一墩"。依据以上文献，"冲"台的间距在三十步至一百步之间，即57.6~192m；"次冲"台间距为一百步至一百五十步，最远不过二百步，即192~288m，最大间距为384m。而烽堠的间距为"一二里"，即576~1152m。

"冲"台的间距还与明代弓箭、火器等射击类武器的射程直接相关。这类武器的射程历来众说纷纭，而戚继光的《练兵实纪》卷之四"练手足第四"的"第二，校远射"中明确弓射的考核标准为"把（靶）以八十步为止"。"第三，校火器"中明确火器"将把（靶）子再移二十步"，"凡铳把（靶），必以百步为准"。《武备志》"卷一百二十二"中记载"威远炮……垫高一寸平放，大铅子远可五六里，小铅子远二三里；垫高三寸，大铅子远十余里，小铅子四五里；阔四十余步……垫高五寸……大铅子重六斤，远可二十里"。其射程的二三里，大约1500m；五六里，大约3000m；十里更是在5000m左右。而精准打击的"千步之外"大约2000m。"空心敌台"和"烽堠墩"的武器配备中，前者每台以"佛狼机八架、神快枪八杆、火箭五百支"为标准，后者以"大铳五个、三眼铳一把"为标准。而在实际的战争中，其打击距离需要折减以发挥最大的杀伤力，戚继光称之为"长者短用"，"凡力可及百步者，只用五十步之外"。《纪效新书》中亦有记录。

综合考虑历史文献记录和火器的杀伤距离，以"两台相应、左右相救"为依据，即两台间距最大以五十步为限，即直线距离为57.6~96.0m，这一距离的敌台多置于隘口两侧。一方面，《武备志》在论及"守"一节，说"先年余肃敏公论塞垣敌台曰，每一里一台，以为火器所击不下三百步。夫火力纵及，岂能一一尽中？！"，因此有"大抵两空不得过五十步"的结论。另一方面,远距离的敌台多为专司传信的烽堠墩,间距以相闻相视为标准,分布于两隘口中点的,则可能是其交接部位。"地理单元"内的"次冲"台,间距以"五十步至一百步"为主,以"一百步至一百五十步"为辅。

延庆明代砖石长城的隘口及"冲""缓"敌台、烽堠墩的分类及数据统计见表4-3。

延庆明代砖石长城隘口与"冲""缓"敌台、烽堠墩情况一览表　　表4-3

序号	隶属	隘口名称	隘口位置编号	隘口及"冲"台	至上一隘口的敌台	烽堠墩与长间墙		地形最高台	
						编号	长度(m)	编号	海拔(m)
1	昌镇居庸路八达岭下	石佛寺口	17~18	(17、18)、19、20	14~16	14~15	840.08	14	716.24
2		青龙桥东口	28~29	(28、29)、30	21~27	24~25	815.19	26	744.57
3		王瓜谷	32~33	(32、33)、34、	31	30~31	502.66	33	746.29
4		八达岭关城	43	42、(43)、44、45	35~41	34~35	510.00	35	885.52
5		黑豆峪	52~53	50、51、(52、53)	46~49	46~47	427.20	47	810.36
6		化木梁	59~60	57、58、(59、60)、61、62	54~56	53~54	307.50	55	830.95
7		于家冲	70	69、(70)、71、72	63~68	64~65	334.20	68	996.80
8	昌镇居庸路石峡下	花家窑	81~83	(81、83、)84	73~80	75~76	675.33	77	1230.20
9		石峡峪	88~89		85~87	87~88	687.80	86	946.58
10		糜子峪	95~96	91、92、93、94、(95、96)、97、98、99	90	89~90	1027.30	90	894.72
11	横岭路白羊口下	软枣顶	105~106	104、(105、106)	97~103	102~103	919.50	103	1061.17

注:*东端起自"川草花顶"。

从上表中可以明确,隘口正城及其相邻的"冲"台数量各不相同,大量"冲"台意味着防务压力大。而"烽堠墩"的分布的规律性则较为复杂,部分烽堠墩与隘口冲台为毗邻关系,如"软枣顶"向"糜子峪"方向、"石峡峪"两侧、"王瓜谷"向八达岭关城方向;部分烽堠墩恰好处于隘口正城之间,如化木梁与于家冲、于家冲与花家窑之间(表4-4)。

烽堠墩分界的"地理单元说"下延庆明代砖石长城隘口范围一览表　　表4-4

序号	隶属	隘口名称	正城位置编号	推测起止范围	所辖敌台数量（座）	所辖长度（m）	备注
1	昌镇居庸路八达岭下	石佛寺口	17～18	14～24	11	2955.32	
2		青龙桥东口	28～29	25～30	6	1848.90	
3		王瓜谷	33～32	38～31	8	2017.05	
4		八达岭口	43	39～46	8	880.80	含43号，为关城
5		黑豆峪	52～53	47～53	7	1130.55	
6		化木梁	59～60	54～64	11	1670.45	
7		于家冲	70	65～75	11	3526.84	含70号，隘口正关
8	昌镇居庸路石峡峪下	花家窑	81～83	76～87	12	3657.17	
9		石峡峪	88～89	88～89	2	514.60	
10		糜子峪	95～96	90～102	13	3770.10	
11	昌镇横岭路白羊口下	软枣顶	105～106	103～107	5	3066.85	

与"台墙均分说"的结果相比，"地理单元说"只有"于家冲"的起止范围完全能够一致，因此可以基本确定，居庸路"八达岭下"与"石峡峪下"交会于75～76号敌台之间。在烽堠墩分界"地理单元说"下，各隘口所辖敌台数量、墙体长度的差距较大。不得不说，这种假说下各隘口的敌台数量不平均、防务距离差异巨大，会造成防守与管理方面的困难，因此需要继续结合"遗存标识物"对其假说范围进行更合理的诠释。

3. "遗存标识物说"下的隘口起止范围研究

"遗存标识物说"是对"地理单元说"的拓展，其依据是在"路、关、隘"的交界处，经常存在自然的"地理标识物"与人工的遗存标识物，例如前文述及的界碑、青水顶、"镇南墩"及"九眼楼"等。综合分析地形和敌台"冲""缓"，并寻找相关遗存标识物是交界处重要而直接的物证。

遗存标识物可以分为四种。一是明确标识防守范围的"界碑"。二是与主线交接的支线长城。三是长城墙体或敌台的砌筑材料与构筑方式，不同隶属的段落由于施工者不同，营造信息方面存在差异。四是敌台间墙的小门。小门的设置是方便敌台的增兵与物资、武器补给，而长度较长的"间墙"则设有多座小门，其设置也可能暗示着管理权属的不同。

明代长城的分界碑有两种类型。一类为直接的防务界碑，标明防区的起止点；另一类为敌台和墙体建设或加固工程的记录碑，间接地记录了长城归属。防务界碑可分为"镇界""路界""隘口界"三种。延庆的实物中,镇界碑以"清水河分界碑"为代表。该分界碑现位于岔道村东,八达岭关城北门外约500m,滚天沟沟口西侧半山腰,因修建公路由路南搬迁至现位置。碑身正面刻楷书三列,正中上方阴刻"水长峪河",左下阴刻"迤东八达岭交界",右下刻"迤西岔道城交界"。碑身背面刻"辛亥岁(宣德六年,1431年)吉旦,钦依守备八达岭城地方都指挥使汴梁夏熟"(图4-1),虽然该碑实际上是蓟镇与宣府镇的界碑。

延庆明代砖石长城的实物中未发现各路的分界碑。实物中,河北省迁安市白道子村北的长城外侧"分界碑"可以参考,它明确了蓟镇"路"的分界点在于墙体。该处分界碑为两块,形制一致。碑身皆为青白石,高96cm,宽35cm,东西并排镶嵌于长城南侧的外墙之上,分别阴刻双钩楷书字体,东侧为"东协燕河路西界",西侧为"中协太平路东界"七字,阴刻卷草纹外框,无年款(图4-2)。"隘口"分界碑可以参考昌镇黄花路"渤海所下"的"慕田峪关"与"贾儿岭口"的界碑。该碑位于慕田峪长城十八号台内,花岗石材质(图4-3),内容为三部分:上方大字横刻"界牌",西侧竖写"迤东系慕田峪地方";东侧竖写"迤西系贾儿岭地方";

图4-1 延庆区八达岭附近的"清水河分界碑"

图4-2 河北省迁安市"燕河路、太平路"防区分界碑

图4-3 慕田峪长城18号敌台内隘口防区分界碑

落款竖写"成化七年七月六日立"。《四镇三关志》中明确提到了"界碑石",这是"台—墙"分界的例子。

敌台和墙体建设或加固工程的记录碑包括"鼎建碑"和"城工碑"两种。"鼎建碑"为敌台建设落成时的记录,其形制与内容见第三章中东沟长城西四台所发现的碑刻。鼎建碑年代多为隆庆朝,北京市其他区县发现有记载内容详尽的碑刻,如怀柔发现的"渤海所衙门记功碑",详细记录了隆庆三年至六年的建设清单与工程量,其中包括了隘口名称和相应空心敌台的数量。"城工碑"主要记录春秋两防修建边墙的长度与起始。这类碑刻在蓟昌二镇中有大量的发现,内容基本记录了万历朝以降修筑边墙的情况,如延庆发现的"石佛寺修长城记刻石""春防居庸路石峡峪工尾"刻石、"香屯分修长城提名刻石"等。这类碑刻的尺寸各有差别,但体例相同,即主要记载了明长城军事防御体系建设中期最终阶段的状况,包括建设人员、修建或加固的长度、边墙等级、尺度等。这些年度性、规律性的修缮与加固应反映了隘口管理的范围,对于分析隘口的起止有一定帮助。

延庆明代砖石长城共存在四段支线长城,与主线长城形成三个不同范围的环线(图4-4)。宣府镇南山路长城与昌镇长城位于75~76号敌台间墙的交会处;35号

图 4-4 延庆砖石长城主线及支线分布图

敌台北侧支线长城则向北延伸，形成以八达岭为中心的外侧环线。中间的环线存在于砖石长城内侧，东起77~78号间墙，向南经过"青水顶"，转而向西到达呈"L"形的86~87号敌台间墙的转角处。西侧环线同样存在于砖石长城内侧，北起90~91号敌台间墙，南至102~103号敌台间墙。在这些长城的交接处，特别是宣府镇与昌镇长城交会的75~76号敌台间墙位置十分明确，同时该段也是烽堠墩的位置，可以确定"于家冲"与"花家窑"交接于此，即昌镇居庸路"八达岭下"与"石峡峪下"的交会点，坐标为115°57'48"E、40°19'30"N，海拔1157.054m。同理，中、西两个长城套环将"石峡峪下"分为四段，从东向西，即75~76号间墙至86~87号敌台间墙、86~87号敌台间墙至90~91号敌台间墙、91~90号敌台间墙至102~103号敌台间墙、102~103号敌台间墙至延庆107号敌台~黄台子1号敌台间墙。则"石峡峪下"和横岭路白羊口下"软枣顶"的起止点可以得到确定（图4-4）。

营造材料与小门的情况，以及延庆明代砖石长城的总体物理标识物情况见表4-5。

延庆明代砖石长城隘口接合处物理标识物情况一览表　　表4-5

序号	隶属	隘口	隘口编号	隘口及"极冲"台编号	烽堠墩位置编号	物理标识物
1	昌镇居庸路八达岭下	石佛寺口	17~18	(17、18)、19、20	14~15	14号敌台有石匾额"川字一号"
2		青龙桥东口	28~29	(28、29)、30	24~25	24~25号间墙内侧有烽堠墩一座，毛石砌筑。其位置为该段海拔制高点；该段间墙有小门四座，两端小门靠近两侧敌台，一座靠近中点
3		王瓜谷	32~33	(32、33)、34	31	31号台为制高点；32号为附墙台
4		八达岭关城	43	42、(43)、44、45	35	35号敌台为制高点；35~36号台间墙不相连，有山险断口一处
5		黑豆峪	52~53	50、51、(52、53)	46~47	47号敌台为制高点
6		化木梁	59~60	57、58、(59、60)、61、62	53~54	53~54号、55~56号"间墙"表面砌筑材料有竖向交接；材料分别为毛石—条石
7		于家冲	70	69、(70)、71、72	64~65	64~65号、65~66号毛石—条石，且有两处山险墙；66号敌台单侧连接墙体；74号敌台发现"于字西四号台题名记"碑
8	昌镇居庸路石峡下	花家窑	81~83	(81、83)、84	75~78	75~76号敌台之间，宣府南山路长城与昌镇长城交会；清水顶位于77~78号内侧山峰，78号台为附墙台

续表

序号	隶属	隘口	隘口编号	隘口及"极冲"台编号	烽堠墩位置编号	物理标识物
9	昌镇居庸路石峡下	石峡峪	88~89		87	86~87号间墙呈L形,拐角处有小门,且海拔最高(960.52m)
10		糜子峪	95~96	91、92、93、94、(95、96)、97、98、99	90	90~91号间墙小门位于墙体中央,内侧有支线长城一道,连接102~103号间墙;现状有小路通"糜子峪"和"石峡峪堡"
11	横岭路白羊口下	软枣顶	105~106	104、(105、106)	102~103	102~103号间墙有支线长城一道,南北向,直通90~91号间墙
12		牛腊沟	黄6~黄7	黄5、黄6	1~黄1	北京市延庆区与河北省怀来县分界

可以发现,延庆明代砖石长城集中了"镇、路、关、隘"四级的接合点,即宣府镇南山路长城、昌镇居庸路的交界点,昌镇居庸路与横岭路的交界点,居庸路"八达岭下"与"石峡峪下"的交接点,以及"于家冲""花家窑""石峡峪""糜子峪""软枣顶"五座隘口的交接点。

居庸路"八达岭下"的隘口及墙体呈现"人"字形,以35号敌台为转折点,35号敌台迤西隘口朝向西北——延怀盆地方向,包括于家冲、化木梁、黑豆峪、八达岭口四座隘口;35号敌台迤东隘口主要防御来自东北方向的进攻,包括王瓜谷、青龙桥东口、石佛寺三座隘口。35号(即八达岭北八楼)位于制高点,其烽堠墩的身份构成分界的要素。36号敌台同样处于制高点,且36号与35号敌台之间的山险,造成该处间墙不相连且呈现高差不同的两段。同样地,24~25号敌台间内侧的烽燧墩、31号敌台和47号敌台作为烽燧墩,分别是"青龙桥东口和石佛寺口""王瓜谷和青龙桥东口"和"八达岭与黑豆峪"的分界标志。30~31号敌台间墙中双向登城小门,是"王瓜谷"和"青龙桥东口"的起止点和接合处。

化木梁起止点的确定依据了长城墙体表面外包材料的不同。53~54号敌台间墙、55~56号敌台间墙、60~61号敌台间墙、64~65号敌台间墙、65~66号敌台间墙的墙体外包都存在条石和毛石的竖缝交接,特别是65~66号敌台迤东的间墙,其宽度明显小于其他墙体,部分采用"单边墙",整体采用毛石砌筑。但无论是外观还是砌筑方法,这段长城都呈现了早于隆万时期长城的特点(图4-5)。

旁证主要采用敌台"鼎建碑"和长城"城工碑"。除74号敌台发现的"于字西四号台题名记"碑外,"鼎建碑"还包括"化字西五号台修城记刻石""隆庆四年修城记

图 4-5　从延庆 62 号敌台瞭望 63 号、64 号敌台

刻石""隆庆五年修筑长城碑"。"城工碑"包括"石佛寺修长城记刻石""万历十年修长城记刻石""'万历十七年春防居庸路石峡峪⊥尾'刻石"等。"鼎建碑"表明了该空心敌台的隶属关系,"城工碑"也反映了相似的特点,因为春、秋两防的范围应与墙体加固的段落一致。

"化字西五号台修城记刻石"碑为汉白玉制,立碑、圆首,高 86cm,宽 42cm,厚 16cm,合高 2.7 尺,宽 1.3 尺,厚 0.5 尺,碑首与碑身正面四周阴刻白描云纹装饰。原出土位置不详,现藏于八达岭长城博物馆,记载了隆庆五年季春该敌台的修筑情况及负责人员。

根据"名称、方位与序数词"组合的空心敌台命名方式分析,"化字西五号台"为化木梁正关以西的第五座空心敌台。若以 59～60 号敌台间墙为正城、敌台全部为空心敌台的情况下,则"西五号"为 64 号敌台;若 62 号、63 号中有一座为空心敌台、一座为附墙台,则"西五号"为 65 号敌台;若 62 号、63 号皆为附墙台,则"西五号"为 66 号敌台。因此,"化字西五号台修城记刻石"碑应为 64 号、65 号、66 号中某座空心敌台的鼎建碑,具体则需要结合考古发掘进行进一步确认。

"隆庆四年修城记刻石"碑为汉白玉制,方形,高 70cm、宽 46cm、厚 16cm,合高 2.2 尺,宽 1.4 尺,厚 0.5 尺,碑身正面四周阴刻白描云纹装饰。原出土位置不详,现藏于延庆区灵照寺。碑文正楷阴刻,竖刻 13 行,每行 19 字。从碑文推测,该碑原位于石峡峪口范围内，但无论内容还是出土地点，没有提供有利于判定隘口及范围的信息。

综上，延庆明代砖石长城隘口正城位置、起止点与范围的情况见表4-6。

"遗存标识物"假说下延庆明代砖石长城隘口范围一览表　　　　表4-6

序号	隶属	隘口名称	正城位置编号	推测起止范围编号	辖敌台数	所辖长度		敌台平均间距		备注
						m	里	m	步	
1	昌镇居庸路八达岭下	石佛寺口	17～18	14～24	11	2955.32	5.1	268.67	139.9	
2		青龙桥东口	28～29	25～30	6	1848.90	3.2	308.15	160.5	
3		王瓜谷	32～33	31～35	5	1599.10	2.8	319.82	166.6	
4		八达岭关城	43	36～46	11	1805.90	3.1	164.17	85.5	含43号，为关城
5		黑豆峪	52～53	47～53	7	1130.55	2.0	161.51	84.1	
6		化木梁	59～60	54～65	12	1961.90	3.4	163.50	85.2	
7		于家冲	70	66～75	10	3235.39	5.6	323.54	168.5	含70号，隘口正关
8	昌镇居庸路石峡下	花家窑	81～83	86～76	11	3085.47	5.4	280.50	146.1	82号敌台在墙体内侧
9		石峡峪	88～89	87～89	3	1943.85	3.4	647.95	337.5	
10		糜子峪	95～96	90～102	13	3770.10	6.5	290.00	151.0	
11	横岭路白羊口下	软枣顶	105～106	103～107	5	3066.85	5.3	613.37	319.5	
12		牛腊沟	黄6～黄7	黄1～西端起点						需要对怀来县砖石长城展开研究以确定牛腊沟西端起点及相关数据

"遗存标识物说"是对"地理单元说"的深化与补充，结论综合性、确定性强，既有结合地形地貌的宏观视角，也有军事防守和武器射程的定量分析，构筑物、材料、构造的微观观察。由表4-6可以明确延庆明代砖石长城的特征。首先是"糜子峪"，隘口所辖敌台数量最多为13座；其次是"化木梁"，12座；再次是"石佛寺口""八达岭关城""花家窑"，各11座；最后是"于家冲口"，10座。所辖数量较少的为"黑豆峪""青龙桥东口""王瓜谷"和"软枣顶"，分别为7座、6座和5座；数量最少的为"石峡峪"，只有3座。从管辖距离来看，路、关的结合部位一般较长；而地理位置靠近中央的隘口

距离则较短。这种长短的设置与军事位置的"冲""缓"直接相关,两路交界的部位常处于"缓"处。从研究结论也可以明确,各"路"的分界与划定,是以地理条件的天然区域为基础,即以"谷"为中心、"峰"为两翼的环抱形区域。"八达岭下"与"石峡峪下"都符合这一特点。

以上表所述,隘口所辖敌台包括"空心敌台"和"烽堠墩"两类。戚继光的《练兵实纪》中提到以空心敌台充当烽堠墩的情况,并且指出这两类墩台的管理部门不同。作为隘口分界的烽堠墩,可能属于相邻的隘口与空心敌台管理,也可能受地方管理,因此长城沿线不归隘口管理的墩台,对各隘口管辖范围有一定影响。能够明确身份的是"青龙桥东口"与"石佛寺口"交接点内侧的烽堠墩(图4-6)。该墩用小毛石筑成,体量与高度小于空心敌台,应为"原墩",即建于嘉靖三十年的墩台。与长城连为一体的情况下,采用空心敌台的烽堠墩则难以简单确认,但从地理制高点、敌台位置与间距等情况分析,各隘口间的烽燧墩仍有踪迹,如"青龙桥东口"与"王瓜谷"之间的31号敌台、"王瓜谷"与"八达岭关"之间的35号敌台、"八达岭关"与"黑豆峪"之间的47号敌台、"化木梁"与"于家冲"之间的66号敌台。总体而言,这些烽堠墩或可使隘口管辖的空心敌台数量减少1座,管辖范围也相对缩短。延庆明代砖石长城的军事防御情形观察,这些烽堠墩受临近"守台百总"辖制的可能性很大,本书在研究中则将其管理权归入所属隘口中。

图4-6 从延庆25号敌台望24号敌台及内侧的烽燧墩

二、延庆明代砖石长城隘口的特点

1. 延庆明代砖石长城隘口的总体特点

隘口正城位置与管辖范围的研究，充分揭示了延庆明代砖石长城的历史属性与分布规律，重建了延庆明代砖石长城真实的历史，挖掘了延庆明代砖石长城的价值，并为其阐释与传播提供了科学素材。

延庆明代居庸路砖石长城东起"川草花顶"，西至石峡村西南与河北怀来县交界处。这段长城包括明代昌镇"居庸路"的全部，以及"横岭路""白羊口下"东段的部分墙体和敌台。"居庸路""八达岭下"与"石峡下"的交接处位于延庆 75～76 号敌台之间，该处砖石长城主线与外侧已经坍塌的昌镇南山路毛石长城交会，地理坐标为 115°57'48"E，40°19'30"N，海拔 1157.05m。"居庸路"与"横岭路"的交接处位于延庆 102～103 号敌台之间，地理坐标为 115°56'20"E，40°17'27"N，海拔 987.98m；长城主线与南侧已经坍塌的毛石长城交会。砖石长城"北京—河北"的分界点为横岭路"白羊口下""软枣顶"与"牛腊沟"两隘口的交接点，地理坐标为 115°57'14"E，40°16'16"N，海拔 1134.02m。

历史上的昌镇"居庸路"，东起"川草花顶"延庆 14 号敌台东，地理坐标为 116°2'42"E，40°20'5"N，海拔 704.57m，西至 102～103 号敌台间墙，全长 23 336.50m，合明代 40.5 里，共有敌台 89 座。这一长度与《四镇三关志》中记载的长度完全一致。"居庸路""八达岭下"，东起 14 号敌台东，西至 75～76 号敌台间墙与宣府镇南山路长城交界处，全长 14 537.0m，合明代 25.2 里，较《四镇三关志》中的 24.5 里长 0.7 里，共有敌台 62 座（41 座空心敌台及 21 座附墙台），较《四镇三关志》中的 47 座（43 座空心敌台及 4 座附墙台）多 15 座。"居庸路""石峡下"，东起 75～76 号敌台间墙，西至 102～103 号敌台间墙，全长 8799.42m，合明代 15.3 里，较《四镇三关志》中的 16 里短 0.7 里，共有敌台 27 座（21 座空心敌台及 6 座附墙台），较《四镇三关志》中的 35 座（25 座空心敌台及 10 座附墙台）少 8 座。

河北省怀来县陈家堡村向南的山谷与长城交界处即为文献记载的"牛腊沟"。该处地形确如《四镇三关志》和《日下旧闻考》记载的"通大川，平漫，通众骑"和"内外山峻，牵马可上"。如前文所述，翁万达曾将防御系统比作防洪，所以"通大川""水口平漫"等属于对某地点军事条件的形象描述，也是隐晦表达。横岭路"白羊口下""软枣顶"长城呈西北—东南走向，与"牛腊沟"走向平行，北起 102～103 号间墙，南至北京与河北长城交界处，总长3066.85m，合明代5.3里，共有敌台5座，编号延庆103～107号。

在延庆明代砖石长城中，从管辖范围看，从川草花顶开始，至化木梁的6座隘口与《三镇边务总要》中记载的该段距离十分相似，或是因为这一段属于防务的重点区域，有足够的重视。敌台密度的分布也有一定规律，即以"关"为单位的分布差异性明显，而在同一"路"内，则受到地形及其军事防务要求的综合影响。白羊口下的"软枣顶"段，敌台分布最为稀疏，为300步以上；若计算"石峡峪下"北侧长城支线处约1000m有6座敌台的情况下，该段敌台密度在90步以内，"石峡峪下"的"花家窑""糜子峪口"的敌台密度在150步以内。而"八达岭下"的隘口敌台密度普遍较高。处于中央"极冲"部位的"化木梁""黑豆峪""八达岭口"三处，敌台密度在90步以内；处于两翼的"于家冲""王瓜谷""青龙桥东口"和"石佛寺口"的敌台在150步左右。

2. 延庆明代砖石长城各隘口的范围与特点

综合历史文献和现状，各隘口长城段落（图4-7）的特点可总结如下，集中体现了

图4-7　延庆砖石长城各隘口起止及范围分布图

其价值。

"石佛寺口"是昌镇居庸路"八达岭下"最东端的隘口，南起"川草花顶"，北至24～25号敌台内侧烽堠墩（延庆29号烽火台）附近的小门，地理坐标为116°1'27"E，40°20'37"N，海拔690.80m，整体呈波浪线状，全长2955.32m，合明代5.1里，共有11座敌台，其中空心敌台7座，附墙台4座。正城位于17～18号敌台之间。"石佛寺口"部分长城经过修复后对外开放，名为"八达岭水关长城"。17号敌台基座开洞供行人与车辆出入，开放段为15～22号敌台及间墙。从14号敌台名为"川字一号"而言，似乎修建时有继续延伸之意。

"青龙桥东口"南起24～25号敌台内侧烽堠墩附近的小门，北至31号敌台南侧小门，地理坐标为116°0'55"E，40°21'12"N，海拔707.61m，整体亦呈"W"形，总长1848.90m，合明代3.2里，包含6座敌台，其中空心敌台2座，附墙台4座。"正城"位于28～29号敌台间的山谷内，该处长城因修筑青龙桥火车站而拆除。"正关"的山谷东西长约5km，与关沟十字交叉，该山谷西端直抵"化木梁"南，东端延伸至小张家口堡的南北向山谷，该隘口军事地位重要。

"王瓜谷"自31号敌台南侧小门，至35号敌台西侧间墙西端山险处，地理坐标为116°50"E，40°21'37"N，海拔820.40m，总长1599.10m，合明代2.8里。自"王瓜谷"迤西，昌镇"八达岭下"墙体发生90°转向。"王瓜谷"包括敌台5座，其中3座空心敌台，2座附墙台。"正城"位于32～33号敌台之间，"王瓜谷"敌台稀疏。35号敌台，即八达岭长城北八楼是这个段落与区域的制高点，也是八达岭长城中最具代表性的意象，其向北有连接昌镇南山路的支线长城。"王瓜谷"与"八达岭口"的墙体形成"几"字，目的是防止平缓的王瓜谷内敌军对八达岭长城形成腹背夹击的状态。守护谷底的32号敌台似乎为《四镇三关志》中的"赵家坨墩"，其左右的"空"处地势较平，而32～33号敌台之间的"正关"地势平，距离长。31～35号敌台为八达岭长城景区"北八楼"至"北十二楼"，也是开放段的最东端。

"八达岭口"为昌镇居庸路"八达岭下"最重要的关口，主要担负着"关沟"的安全。其东起36号敌台东侧断崖处，西至46～47号敌台间墙，地理坐标为116°19"E，40°21'3"N，海拔730.78m，全长1805.09m，合明代3.1里，共有敌台11座，其中空心敌台8座，附墙台2座，关城1座，敌台分布密集。长城整体以43号敌台——关城为中心，整体东西向，呈"W"形。44～46号敌台为"八达岭长城"景区南三楼至南一楼，36～42号敌台为北七楼至北一楼。现场其西段长城，内外各有一道平行的山谷，外侧为滚天沟，内侧的天险沟即"王瓜谷"，完全符合《四镇三关志》的描述，因此也可以推断，36号敌楼，即北七楼所处的制高点应为"熊窝顶"。

"黑豆峪"隘口东西向，平面呈波浪线状。其东起46～47号敌台间墙，西至53～54号敌台间墙，地理坐标为116°0'11"E，40°20'38"N，海拔756.74m，全长1130.55m，合明代2里，共有7座敌台，其中4座空心敌台，3座附墙台。"正城"位于52～53号间墙，北侧为北起黑龙潭的山谷，应为"黑豆峪"。"正城"南侧有小路通"青龙桥西口"。"黑豆峪"的58号敌台，为"八达岭长城"的南七楼，是该景区开放的最南端。47～49号敌台为"八达岭长城"南四楼至南六楼。

"化木梁"东西向分布于山梁上，南北皆为山谷，整体走势平直。其东起53～54号敌台间，西至66号敌台东侧间墙，地理坐标为115°59'16"E，40°20'2"N，海拔921.83m，全长1961.90m，合明代3.4里。化木梁共有13座敌台，其中9座空心敌台，4座附墙台；"正城"位于59～60号敌台之间，北侧有3座小毛石砌筑的墩台，西段有多处山险，中段与东端北侧整体山谷平缓，与通往"于家冲正城"的山谷汇合于东沟村，南侧有平行于墙体的山谷通向"青龙桥新站"，即"青龙桥西口"。文献记述与实际地形一致，而"中三墩"应为空心敌台建设之前的构筑，即"正城"外侧的墩台。"化木梁正城"的位置，恰是1961年公布"万里长城——八达岭"为第一批全国重点文物保护单位的西端起点。因此自此处起，墙体与敌台经过大规模的修复。从形制与材料看，"正城"西侧的墙体有相当长度的体量较小，西端还有单边墙。"化木梁"长城墙体外包材料也有一半以上采用毛石砌筑，呈现虎皮墙的面貌，与条石结合处为垂直缝，两种材料交替分布。

"于家冲口"即东沟村长城，为昌镇"居庸路"最西端的隘口，敌台与间墙随山势起伏弯折，东起66号敌台东侧，西至75～76号间墙，地理坐标为115°57'48"E，40°19'30"N，海拔1157.06m，全长3235.39m，合明代5.6里。"于家冲口"共有10座敌台，除正城70号为障墙外，其余9座均为空心敌台，其中，西侧5座，东侧4座。其敌台命名的方式以隘口及位置的组合为主，如74号敌台（西四台）出土的"于字西四号台"鼎建碑所证，69号东侧间墙通向断崖。正城北侧有石料场和砖窑遗迹。这段长城已经对公众开放，官方名称为"八达岭古长城"。目前"正关"西侧开放7座敌台，东侧尚未对外开放。从开放范围看，包括了"于家冲口"和"花家窑口"的部分。这段长城特别值得说明的是，75～76号间墙中部是"镇、关、隘口"三级隶属的交界点，即宣府镇南山路长城与昌镇居庸路的交会处，同时也是昌镇居庸路"八达岭下"与"石峡下"的交接处，以及"于家冲"与"花家窑"两隘口的交接处。这种三级隶属的交界点，在延庆及北京长城开放段中也十分珍贵。而西四台（74号敌台）所发现的鼎建碑，能够将内容与敌台实物严格对应，是北京长城考古的重要发现。

"花家窑"是"石峡下"最东端的隘口，整体呈"L"形。其东起75～76号间墙与昌镇南山路长城西端交接处，西至86～87号间墙，地理坐标为115°57'8"E，40°18'43"N，海拔947.80m，全长3085.47m，合明代5.4里，共包括11座敌台，其中空心敌台9座，附墙台2座。正城位于81～83号敌台之间，而82号为独立敌台，位于距离正城内侧722.5m处的山丘上。正城外为"花家窑沟"，两侧各有墩台两座，与石峡峪口北侧长城支线墙体连为一线，南侧有一道支线长城，连接西端起点与"青水顶"，转而向北，连接砖石长城与30～31号敌台间墙。以烽堠墩分界的观点看，此交点也可能是"花家窑口"的东端起止点。

"石峡峪口"是"石峡下"的中央隘口，总体呈东西向，如同双臂环绕石峡峪口。其东起86～87号敌台间墙转折出，西至89～90号敌台间墙，地理坐标为115°56'E，40°18'8"N，海拔875.51m，全长1943.85m，合明代3.4里，敌台共3座，2座空心敌台和1座附墙台。"正关"处于88～89号敌台之间，修建"外石路"公路，西侧为峭壁，东侧为陡崖。89号敌台及间墙位于西山，有两道较短的封锁谷口的长城，长城外（北）侧有4座烽堠墩。87号、88号敌台位于东山，其间墙内侧有烽堠墩一座。东山外（北）侧有带6座墩台的长约1000m的毛石长城一道，延伸至花家窑外侧。《四镇三关志》记载"城东头至石崖子口，通单骑，次冲；西山墩至镇房墩，平漫，通单骑"。《三关边务总要》统一记载为"城东至石崖子口，又西山墩至镇房墩俱通单骑，冲"。然而在砖石长城沿线并未发现"通单骑"的地形，也未发现"石崖子口"，推测文献描述与砖石长城外侧的构筑体系有关。如果"石峡峪关"位于长城主线外侧，则次断口处可能为"石崖子口"。这也可以说明，自嘉靖朝到隆万时期，石峡峪口的主动防御工事的长城墙体防线有向内收缩的状况，或者石峡峪关的构筑情况较现状复杂很多，这也解释了为何此段敌台数量非常少。

"糜子峪"是"石峡下"最西端的隘口，北起89～90敌台间墙，南至102～103号敌台间墙，整体呈"C"形，长3770.10m，合明代6.3里，包括13座敌台，其中空心敌台10座，附墙台3座。延庆砖石长城走势在此段发生转向，由南北转向东西，交接处位于94号敌台。起止点间砖石长城内侧有一道由毛石构筑的长城支线，与砖石长城形成"口"字。"正关"位于95号敌台南侧60m左右的山沟处。隆庆元年，《赏军给事中郑大经请行边大臣经略蓟昌关隘疏略》中说，"居庸关一路……惟化木梁、糜子谷二处，冲而且平。"从墙体的材料与构造方式观察，内侧毛石支线长城应为嘉靖三十年建设的旧墙；外侧的敌台为隆庆朝建设，即"台在墙外"；而砖石墙体则为"隆万"时期建造。这种反复的建设说明了"糜子峪"的"极冲"地位，也说明了此处"无险可守"的状况。"糜子峪"隘口的遗存展示了明代长城的建设时序，特别是建"墩于墙外"的阶段。民间将99～100号长城转折处称为"勺子城"，从平面形态上对其进行描述。

"软枣顶"北起102~103号敌台间墙，南至明代砖石长城北京延庆区与河北怀来县交接处，长3066.85m，合5.3里，空心敌台5座。"正城"位于105号敌台南侧50m的谷地。自陈家堡村南的山谷有通向正城的小路，坡度较平缓。而104号敌台内侧，有盘山小路，山下与通往106号敌台的另一条名为"榛子岭路"道路汇合，继而通往石峡村。103号敌台被民间称为"将军楼"，104号、105号敌台被合称"鸳鸯楼"，107号敌台南侧的长城转弯处被民间命名为"陈家堡罗锅城"，"牛腊沟"称"双城子"。附会的名称需要与真实的历史情况相结合，实现遗址知识游的局面。

第五章　延庆明代砖石长城空心敌台的类型与分布

一、空心敌台的设计原型及来源

1. 空心敌台的原型

明代的空心敌台由戚继光与谭纶创建并大规模推广，《明谭纶请建空心台疏略》和戚继光的《练兵实纪》中有明确的设计思想、原型和建设计划。戚继光在《练兵实纪》"敌台解"中详细地说明了空心敌台和烽堠的建造目的、建造尺度与方法、人员与武器配备、管理方式与组织关系等。隆庆三年（1569年）谭纶的奏疏则说明了实际建造空心敌台的费用、数量与工期方面的计划。空心敌台的建设，将碉堡类的工事引入长城防线。这一变化，首先彻底改变台、墙分立，不能互救的局面，以及无法有效控制高点及有利地形的战时问题。其次解决了士兵长时间没有物理空间躲避雨雪等恶劣气候以及储藏生活用品与武器的问题。空心敌台的形制与尺度，总高以三丈作为标准，合9.6m，周围十二丈，即每边长度为三丈，合9.6m。平面布置台、墙相连，空心敌台平面在靠敌方一侧突出墙体一丈五尺，合4.8m，靠己方一侧突出五尺，合1.6m。因此可以推知，间墙顶厚一丈，合3.6m。空心敌台上下共分为三层。下层为实心台基，高度与边墙相平；中层台身为四周设箭窗的空间层，为战斗与存储的主要场所；顶层周围建设雉堞，中央建"楼橹"小房，可以提供较舒适的生活空间。

《练兵实纪》的"敌台图"提供了关于形制进一步的说明。根据"道光瓶花书屋本"及日本"浅草文库"所藏明代刻本，版图（图5-1）与文字最大的区别为：台身作上、下两层状，形成实际四层的面貌。台身上、下层垂直长城方向各开三箭窗，与长城相连的方向则开门一、上层开箭窗二。门窗均为平过梁，未见发券。根据版图中的建筑材料，空心敌台可分为两类：砖石敌台与全石敌台。砖石敌台基础采用大条石十字缝砌筑，台身全部为砖砌，下层门洞带有石砌门框。顶层雉堞与楼橹墙身留白，材料可能为砌体抹灰。全石敌台与砖石敌台的区别主要在于台身，基础与顶部完全相同。台身全部采用小条石十字缝砌筑，箭窗全部带有石条。雉堞均未画出射孔等细节。"烽堠图"（图5-2）

图 5-1　敌楼图（明刻《练兵实纪》"道光瓶花书屋本"）

图 5-2　烽堠图（明刻《练兵实纪》"道光瓶花书屋本"）

中的墩台与长城相连，留白的台身材料为一体化的材料，以夯土的解释最为合理。间墙外部采用了毛石包砌。原型设计的材料反映了当时砖的使用并不普遍，甚至可以说是相当稀少。同样情况的还有大条石，仅使用在空心敌台的基础部位。而夯土、毛石仍为主要的建筑材料。夯筑和毛石叠砌仍为嘉靖朝、隆庆朝初年的主要构筑方式，这也印证了之前的研究结论。

空心敌台满足两防期间三五十人同时在台和非战时则有南方将士五至十人留守的需

要。每台设"百总"一名,"台副"二名;每五台设一名"把总",每十台设一名"千总",实行分级控制和管理的模式。这种"五台""十台"的管理模式,也是前文"敌台均分假说"的结论基础之一。武器方面采用了较多的火器,包括佛狼机、神快枪、石炮等,弓箭以火箭为主。

根据谭纶最初的奏疏,蓟、昌二镇十二路共计建设3000座空心敌台,每路为250台,每年建设1000座。二镇三年内建完后开始加厚边墙并增建雉堞,将长城从被动防守向主动防御转化。财政方面,每座空心敌台用银50两。

而在《皇明经世文编》编录戚继光所写的奏疏中,戚继光详细地描述了空心敌台早期设置的初衷、与墙体的关系、对地形的反映、布局与功能、具体的尺度与材料、敌台总数、每台预算与建设速度等一系列、多层次的设想与信息。根据《戚少保文集三》中的《请建空心台疏·空心台》,其最初设想是在加厚的边墙上建造空心敌台,即"先墙后台"。其体量以十二丈为周,高以五丈为标准,上下能够提供空间的部分共三层,包括台基则为四层,台上能够容纳100人。

在《皇明经世文编》卷三四九《戚少保文集四》的《筑台规则·筑台》中,戚继光详细地说明了空心敌台的建造细节,可以总结戚继光设计空心敌台原型的特点。首先,空心敌台骑墙而建,并非孤立无依,建台的位置必须以军事防守为出发点,而不能以是否适合建设作为判断依据。其次,空心敌台的体量为梯形墩,以"底边周长十二丈、台顶周长收缩为十丈、高五丈"的尺度计算,墙面收分与地面夹角为87.14°。再次,敌台建设需要根据地形条件调整时,可以保持平面长宽比的灵活,但总体仍应保持"周十二丈"的体量。然后,空心敌台的建设必须使用方石和砖,即使材料短缺,仍不能用毛石或块石建造。最后,必须建设台基,而将台门设置在第二层的位置,不能采用底层设门的方式,既追求安全也兼顾稳固。至于边墙,则需要保持外侧不小于三丈这一高度,以达到台墙兼顾的目的。而万历朝初期墙体的"拆旧建新"也有戚继光的贡献,究其原因,仍有"台墙相卫"的考虑。而上报明廷的原型,则经过了谭纶的调整,最主要的是将三层空间降为二层,高度调整为三丈,台上军士由100人改成50人,成为实施的原型。

2. 空心敌台原型的来源

对空心敌台原型的探讨,需要从系统的视角理解,而不是简单地观察其体量与形式是否在历史中出现过。

空心敌台原型的来源主要集中于三种,分别为空心马面说、浙江台州桃渚城角台说和民间看家楼说。有学者认为,空心敌台并非戚继光与谭纶的创举,而弘治朝延绥巡抚都御史文贵早就在榆林建造过砖木结构的空心墩台。而文贵的建设又受统万城白城子空心马面及桃渚城戚继光抗倭角台启发（赵现海，2012；艾冲，2011）。但事实上，文贵所设计并建造的空心墩台与戚继光、谭纶所设计的空心敌台有着本质的不同，体现在布局、功用、结构等诸多方面。

根据《明孝宗实录》与《明武宗实录》的记载，文贵的空心墩台仍未摆脱"台墙各峙、互不相救"的局面，造成了大规模的崩溃。武器装备方面，文贵仍采用弓箭攻击，无法阻止进攻者在短时间内接近空心墩。结构类型方面，文贵大量采用了木材，砖仅作为外包砌体。因此，尽管功用、外观相近，文贵的空心墩并非戚继光与谭纶所倡导的空心敌台，更不能简单判定文贵是最早提出"空心"概念的设计者，也不能据此否认戚继光对空心敌台原型的设计。嘉靖朝已然使用相当数量的"空心墩"。在嘉靖四十年刊本的《宣府镇志》记载"东路边墩"，则有城管墩、腹里墩、护口墩、隘墩、空心路墩、路墩的分类。此时的墩台仍以传信为主，空心墩的功能主要是为瞭望军士提供相应的物理空间，功能相对单一，即未形成战守结合的碉堡类工事。实物以河北省张家口市阳原县西小庄村烽火台为实例（图5-3）。

至于桃渚城所建敌台，则主要根据明代何宠《桃渚新建敌台碑记》中所载，"公后以东西一角为薮泽，蔽塞不通。因建敌台二所。城上有台，台上有楼，高下深广，相地宜以曲全，悬瞭城外。纤悉莫隐。"此处的敌台虽然名称与空心敌台一致，其功能、尺度等均以守城为主，与长城的防御体系可以说毫不相干。而戚继光本人也从未引证或记述过长城防守参考过桃渚城的敌台。

而谭纶、戚继光在疏略中所述及"如民间之看家楼"，目的更接近给予决策者一个可以参考的形象，而非以看家楼作为设计的原型。于是我们可以说，戚继光和谭纶所奏报的空心敌台，是其个人根据战争经验、地形局势、武器火力、战守两端、台墙分布等各种状况的综合创造，这是毋庸置疑的。因此可以肯定地说，戚继光根据当时的战争情势、预期功能和地形地貌等因素，设计了空心敌台的原型，而谭纶从军事、预算、计划和建设等综合与全局角度制定了策略，进一步完善与落实。

图5-3 河北省阳原县西小庄村烽火台（摄影：尚珩）

二、空心敌台的建设

空心敌台的建设实施也是多有波折,即使建成第一批后,仍有很多反对声音。空心敌台建设初期,竣工报告与否认空心敌台效力的奏章交替出现,最终正面效果淹没了反对的声音。明廷将空心敌台和长城建设视为安邦之策。而在万历朝后期,随着台、墙建设力度的加大,成为两防军士的主要任务,甚至是沉重的负担。在这一历史过程中,蓟、昌二镇随着造价的不断翻升,台、墙材料与结构也不断演化与完善,工艺逐渐精熟。

1. 空心敌台与长城墙体的形制与材料

蓟、昌二镇空心敌台和墙体的建设情况反映在"隆万"时期的奏疏中。

空心敌台第一年建设的形制等情况,体现在隆庆三年(1569年)《总督侍郎谭纶防秋事竣敌台工完疏略》中。这段奏疏反映了三层意思。首先,设计原型转化为实体类型中的尺度情况。空心敌台首次记录了"周遭墙厚"的尺寸为"四尺五寸",最厚为"九尺",分别合1.44m和2.88m。这反映了第一年建造的空心敌台平面为带有周围厚墙的"回"字形。以边长三丈计,其中空部分为"两丈一尺"至"一丈二尺",合6.72m至3.84m。周长不同、高度不同的敌台形成了新类型。其次,开始采用"方石"建造空心敌台,反映了设计原型的全面落实。最后,材料的进化造成了实际建造费用超过了预算。

两年之后的隆庆五年(1571年)《总督侍郎刘应节报空心台功疏略》中,进一步记述了蓟、昌二镇修筑空心敌台的形制等情况。刘应节明确了空心敌台的形制与尺寸。砖砌墙厚由"四五尺"至"六七尺";"方面大石"的基础砌筑高度,由"五、七尺至一丈五尺而止",对冲台、缓台的间距也做了记录。对于超出预算的支出,其解释,首先明确了建设效果已远超预期,即"民间千金所不能办",同时也表示将通过节约工程量而减低造价。其次进一步明确了班军、路兵是空心敌台的主要建设者。

万历朝开始大规模翻建墙体,万历元年(1573年)阅视侍郎汪道昆《条陈蓟镇善后事宜疏略》"固封守"中,更是明确了墙体内应采用三合土,而不应间隔使用木板找平等简易但不耐久的做法。万历六年(1578年)总督右都御史梁梦龙《酌议修守机宜疏》中,关于筑墙之法,更是描述了内部采用三合土,外部包砖,包砖和垛口采用灰浆的做法。

2. 建设的加速与减缓

隆庆朝是空心敌台建设的高峰期，同时也是对其建设争论的高峰期。谭纶与戚继光等顶着诸多压力抓紧时间进行建设。

隆庆三年（1569年）《总督侍郎谭纶防秋事竣敌台工完疏略》中的记述反映了谭纶等内心的忐忑与焦虑。两年之后的隆庆五年（1571年）总督侍郎刘应节《报空心台功疏略》中，进一步论证空心敌台的优势——"十利"，以坚明廷建台之心。根据以上记述，自隆庆三年至五年的"五防"时间内，共完成敌台1017座，其中蓟镇818座，昌镇199座。隆庆三年春、秋"两防"建空心敌台472座，平均每防建台236座；隆庆四年至五年的春秋三防建空心敌台545座，平均每期建台181.6座。这显示了空心敌台建设初期速度非常之快，为这一工程提振了信心，也表达了相应的决心。同年，《兵部为申饬蓟昌防秋事宜疏略》将"守墙"定为蓟、昌二镇边防的根本战略，违反这一战略的将以军法处置。这是明廷防务由卫所城堡到长城边墙的一大变化。

隆庆朝有不少朝臣支持空心敌台的建设，如隆庆五年（1571年）巡按御史余希周《条陈蓟镇事宜疏略》中建议增加空心敌台的预算、延长工期。在隆庆朝对于空心敌台的争论和工程与军事实践的基础上，万历朝普遍认可守台，更延长了两防时间，加大了长城的建设。"两防"时间延长，蓟镇由原来的七个月延至八个月；昌镇属于内边，沿用七个月之制。建台的预算翻两三番，已增至二百两，甚至四百两。而万历朝大规模的长城建设已经卓见成效，但同时也成为"两防"的负担。

因此，自万历朝在建设态度坚决的情况下，空心敌台建设速度明显放缓，万历元年（1573年）阅视侍郎汪道昆《请增空心敌台疏略》说明了这一情况。自隆庆五年（1571年）春防后，至万历元年（1573年）的两年间，空心敌台的数量仅从1017座增至1200座有余，净增加200座左右，实际每防仅建设50座左右。根据总督侍郎杨兆《为台车工完讨军火器具疏略》，自万历元年至三年，蓟、昌二镇空心敌台的数量从1200余座，增至1337座，净增台137座，每防仅建设35座左右。

长城墙体建设成为万历朝的重点。万历六年（1578年）总督右都御史梁梦龙《酌议修守机宜疏》中首先肯定了台、墙系统的有效与坚固，也记述了墙体构造之坚和两防军士修建之苦，并建议根据防务情态适当放缓工期。万历九年（1581年）三月，职方郎中费尧年查勘蓟、昌二镇边工。蓟镇修边墙五千三百六十三丈，敌台一百一座，铲削偏坡五百八十七丈，建潮河川大桥一座。昌镇修边墙四千六百四十一丈，敌台十座，铲削偏坡五十五处。以上的记录说明自万历九年开始，蓟、昌二镇开始对空心敌台和边墙进行大规模的加固与修缮，其中以边墙的修缮为重。有学者将以上记录中蓟、昌二镇的

111座敌台作为其新建敌台计算似乎不妥。

从大量的空心敌台鼎建碑中可知，万历朝既有空心敌台"鼎建"记录，也有"修完"记录。鼎建碑包括怀柔区"万历八年孟冬吉旦立"的"玉石楼东第三楼刻石"，"万历三十九年（1611年）十月""创建磨刀石敌台刻石"，迁西县万历十五年丁亥春防鼎建碑。"修完"记录包括河北省抚宁县的"万历十一年修完一百四十四号台碑"、河北省青龙县"万历十一年季夏修完……一百四十七号敌台一座"刻石等一系列碑刻。以上考古成果充分说明，万历朝于蓟、昌二镇，以修缮长城和空心敌台为主，但至万历三十九年时，也有添建空心敌台的做法。故此，上文所提的111座敌台尚无法明确是创建还是修缮，故此不能推断至万历九年空心敌台为1448座。真实数字以万历三年（1575年）总督侍郎杨兆所统计的1337座空心敌台为依据，这是可以确知的。另外，根据成书于万历四年的《四镇三关志》，统计蓟、昌二镇的空心敌台共计1328座，这一数据与杨兆所统计之数较为类似。考虑到万历朝还有个别空心敌台建设，但总体数量应在1350~1360座。此外还存在一定量的附墙台。时据《四镇三关志》，蓟、昌二镇共有附墙台178座，其中蓟镇136座，昌镇42座。蓟、昌二镇边墙上的空心敌台和附墙台的总数在万历朝，应在1500座左右。天启朝、崇祯朝仍以修缮为主，空心敌台的数量没有大的变化。

因此可以说，蓟、昌二镇空心敌台的建设，自隆庆三年（1569年）至万历三年（1575年）的六年间，主要的建设工作已经完成，共计建台1337座。建设的速度随时间推移整体变缓。而万历朝，特别是自万历四年（1576年）之后，始终在对二镇的边墙和敌台进行加固与修缮，而天启朝、崇祯朝也延续了这一传统。究其原因，一方面，由于空心敌台的整体系统已经完成，需要增加设置的防守漏洞非常之少；另一方面，从以上记述和大量的城工碑中可以看出，万历朝开始将建设重点转移至墙体的拆建之中。其结构与材料开始全面与空心敌台的材料相统一，"台墙相卫"的系统才能真正做到坚固有效。为防止任何蚁穴般的失误造成整体的溃败，终明一朝都在对这一伟大工程进行修缮与加固。

明廷在空心敌台建设过程中，也对其进行了"一等""二等""三等"的三级区分。根据遵化市万历四十四年《天津春防碑记》中载，"天津右营蒙派，修松棚路松龙五十二号台西空，创修二等砖空心敌台二座，底阔各周围一十四丈，收顶一十三丈，高连垛口三丈五尺，上盖坐二破三房三间。修又松洪三峰岭五十六号台东空，创三等砖空心敌台二座，底阔各周围一十二丈，收顶一十一丈二尺，高连垛口三丈五尺，上盖楼房二间。又修松洪六十三号，拆修坍塌一等敌台一座，周围二十四丈，收顶一十五丈五尺，高连垛口四丈五尺。上盖厅房三间。照旧台修筑，以上如式修筑通完……

万历四十四年五月吉旦立石"。这段记述中除了说明万历朝末年对空心敌台的形制的分类，还记述了楼橹形制包括"坐二破三""楼房"和"厅房"等形式，同时也明确了这一时期对于空心敌台的建设包括新台的"创修"和旧台的"拆修"，依照原有空心敌台的样式进行建设。

3. 空心敌台的意义

除上文提到的刘应节、余希周、汪道昆、梁梦龙所论的对带有空心敌台的新形式长城的肯定外，万历二十一年（1593年），大同兵备马思恭在迁西三屯营为戚继光撰写的《蓟镇都护戚少保公功德碑记》中，明确了戚继光提议与主持修筑的长城与明前期边墙的根本区别。在边墙上建造空心敌台，一改之前有墙无守、有守无恃、战去人空的被动防御局面。自戚继光开始，长城成为备有火器的、全天候的主动防御工事。由于初期修建速度快，投入人力不可谓不多，但数次战役仍然取得胜利，并且真的达到了"攻心为上"和"不战而屈人之兵"的效果。

而将"人"这一因素长期引入到长城构筑之中，从而彻底改变了蓟、昌二镇长城沿线的人地关系，是空心敌台自创立以来最大的意义。在短短的六年时间，明廷调动与协调物资、人员、财政等多方因素，建成蓟、昌二镇新形制长城和空心敌台1300余座，极大地提振了这一区域的信心。这种建设速度、强度与质量，单纯依靠行政命令或经济力量是无法实现的。所有的参与者必须目标明确且统一，在建设工程中有使命感、荣誉感，对未来充满期待。即使当时反对者不在少数，但却团结了一批有共同理想的朝臣、将士、工匠和其他劳动者。建设过程中形成了新的人际关系和人地关系，使原本萧瑟的前沿阵地与人迹罕至的边疆地区焕发出了新活力。

长城的建设发动了大量的军士。在具体的修建过程中，参加的士兵与军官对相应段落的地形地貌有了深刻的了解，同时也明确了游牧民族可能的进攻线路，更深刻地理解了利用地形的战守关系，为可能到来的战争做好准备。修筑长城的过程，也伴随着铲坡、植树等一系列的相关工程，使得长城内外呈现了迥异的风景和面貌。空心敌台既是战争工事，也是军士的生活空间。无论战时或平时，长城沿线始终活跃着相当数量的军士，开始与附近地区居民产生互动。而"南兵"的驻守，更为汉民族南北文化的交流提供了基础。

由于新形制长城的修建，一方面，内侧的田地开始变得可以耕种，这使得边疆人民可以获得较为安全的生活和生产空间，市镇、村堡等开始恢复活力，农业、手工业、商业的恢复发展成为可能。另一方面，北方游牧民族的活动被严格地限制在了长城之外。

在这种情况下，长城才真正地成为严格意义上的"边墙"。但这种"边墙"并不意味着完全的割裂，而是为其两侧的人民建立了一种全新的生活秩序。呈现了边境和平的局面。戚继光镇守蓟镇的时期，该镇的战事较少，也是出于这个原因，全国长城防御的面貌也因此焕然一新。

三、延庆明代砖石长城空心敌台的类型

1. 延庆砖石长城敌台的续存状态评估

延庆砖石长城的营造，是特定时间、特定地点、特定条件下，设计原型和边匠营造技艺的结合，是设计、材料、构造、工艺的知识创造集合。材料的取舍、制作以及现场二次加工，构造与工艺的承袭与现场发挥，既是明代营造知识的继承，也是在特定条件下的具体创造。工匠的现场操作，既是长期技艺训练所反映的无意识结果，也是有意识的创新。不同时期累积的营造信息如同考古学中的文化层一样，为我们提供了丰富的知识。这些构筑物是由边匠和军士在坚实的手工艺传统支持下毫不掩饰地建造，其中存在着凝结于历史中，又被当下认可的价值，更与社会、经济、文化等紧密交织。

延庆砖石长城自从明代中叶建成以来，经过明代中晚期不断的加固与加建、清代的自然劣化及坍塌、民国时期战争的破坏和损毁，以及自20世纪50年代以来对长城的复原与修缮，其营造信息处于不断的增减变化之中。清晰、可读和明确的明代营造信息是空心敌台类型研究的基础与关键。只有续存程度好，空心敌台的形制、空间、结构、材料与构造等方面的明代营造信息清晰可读，才有利于其类型研究。因此，需要对研究范围内明代敌台的续存程度以及相应的营造信息可辨识度进行评估。

营造信息主要包括平面形制、结构形式和空间特征。敌台营造信息辨识度主要受构筑续存完整度和被干预程度的影响。延庆明代砖石长城的94座敌台共包括四种类别：空心敌台、附墙台、关城和隘口。其中除关城与隘口各1座外，其余皆为空心敌台和附墙台，数量分别为68座和24座。结合上篇隘口起止段落的研究，其分布详见表5-1。

延庆砖石长城敌台类型一览表　　表 5-1

类型	敌台编号	隶属关系与数量（座）	
空心敌台	14、15、16、17、20、21、24	石佛寺（7）	八达岭下（42）
	25、26、29	青龙桥（3）	
	31、33、35	王瓜谷（3）	
	37、38、39、40、41、42、44、45	八达岭（8）	
	47、49、51、53	黑豆峪（4）	
	55、56、57、59、60、61、64、65	化木梁（8）	
	66、67、68、69、71、72、73、74、75	于家冲（9）	
	76、77、79、80、82、83、84、85、86	花家窑（9）	石峡峪下（21）
	87、89	石峡峪（2）	
	90、91、92、95、96、97、98、100、101、102	糜子峪（10）	
	103、104、105、106、107	软枣顶（5）	白羊口下（5）
附墙台	18、19、22、23	石佛寺（4）	八达岭下（18）
	27、28、30	青龙桥（3）	
	32、34	王瓜谷（2）	
	36、46	八达岭（2）	
	48、50、52	黑豆峪（3）	
	54、58、62、63	化木梁（4）	
		于家冲（0）	
	78、81	花家窑（2）	石峡峪下（6）
	88	石峡峪（1）	
	93、94、99	糜子峪（3）	
隘口正城	70	于家冲	
关城	43	八达岭	

　　空心敌台包含台基、带有箭窗和门洞的台身、由垛口围合并带有楼橹的台顶三部分。台基为带有条石或包砖的实心砌体结构，其结构较为坚固、耐久，是区别于前代敌台的主要特征；台身周边为带有拱券结构的砖砌体，立面开门、窗，是空心敌台空间、特征与类型的主要来源；台顶既构成台身的顶面，也是楼橹的地面，由于结构不同，其续存度也对类型的研究产生影响，而台顶中带有多种形式射孔的垛口，也是构成形制和特征的重要部分。敌台的完整度评估结果见表 5-2，由于附墙台不包括台身，故将相应比重纳入台基之中。

延庆砖石长城敌台保存完整度评价一览表　　　　　表 5-2

敌台序号	类型（空:空心敌台,台:附墙台）	保存的完整性(100%)	雉堞（占比20%）	台顶（占比20%）	台身（占比40%）	台基（空:20%,台:60%）	干预年代与方式
14	空	82	16	10	36	20	21世纪初，抢险加固
15	空	40	0	0	20	20	
16	空	100	20	20	40	20	
17	空	100	20	20	40	20	
18	台	100	20	20		60	
19	台	100	20	20		60	1990年，复原
20	空	100	20	20	40	20	
21	空	100	20	20	40	20	
22	台	100	20	20		60	
23	台	96	16	20		60	
24	空	41	0	5	16	20	
25	空	53	8	5	20	20	
26	空	86	16	10	40	20	2008年，抢险加固
27	台	60	0	0		60	
28	台	60	0	0		60	
29	空	20	0	0	0	20	
30	台	60	0	0		60	
31	空	100	20	20	40	20	1986年，复原
32	台	100	20	20		60	
33	空	100	20	20	40	20	1985年，复原
34	台	100	20	20		60	
35	空	100	20	20	40	20	
36	台	100	20	20		60	1984年，复原
37	空	100	20	20	40	20	
38	空	100	20	20	40	20	
39	空	100	20	20	40	20	
40	空	100	20	20	40	20	
41	空	100	20	20	40	20	
42	空	100	20	20	40	20	
43	八达岭关城	100	20	20		60	1953年，复原
44	空	100	20	20	40	20	
45	空	100	20	20	40	20	
46	台	100	20	20		60	
47	空	100	20	20	40	20	
48	台	100	20	20		60	
49	空	100	20	20	40	20	1985—1987年，复原
50	台	100	20	20		60	

续表

敌台序号	类型（空：空心敌台，台：附墙台）	保存的完整性（100%）	雉堞（占比20%）	台顶（占比20%）	台身（占比40%）	台基（空：20%，台：60%）	干预年代与方式
51	空	25	0	0	5	20	
52	台	92	12	20		60	
53	空	50	0	10	20	20	
54	台	60	0	0		60	
55	空	80	10	10	40	20	21世纪初，抢险加固
56	空	33	0	0	15	18	
57	空	30	0	0	10	20	
58	台	40	0	10	/	30	
59	空	32	0	5	12	15	
60	空	65	0	10	35	20	
61	空	45	0	5	20	20	
62	台	60	0	0		60	
63	台	60	0	0		60	未干预*
64	空	85	15	10	40	20	
65	空	55	5	5	25	20	
66	空	58	0	8	30	20	2020年，抢险加固
67	空	27	5	0	10	12	2019年，抢险加固
68	空	88	18	10	35	20	
69	空	83	18	10	35	20	
70	隘口正城	20	0	5		15	
71	空	45	0	5	20	20	
72	空	85	15	10	40	20	2000年完成，修缮；2008—2014，抢险加固
73	空	80	15	10	35	20	
74	空	88	18	10	40	20	
75	空	30	0	5	10	15	
76	空	80	10	10	40	20	
77	空	88	18	10	40	20	
78	台	85	15	20		60	未干预*
79	空	85	15	10	40	20	
80	空	58	10	8	25	15	
81	台	85	5	20		60	2014年，抢险加固；出土2块"崇祯七年重修"字样的瓦当
82	空	70	0	10	40	20	
83	空	75	5	15	35	20	
84	空	32	2	5	10	15	
85	空	34	2	5	12	15	
86	空	80	10	10	40	20	
87	空	41	3	3	20	15	未干预*
88	台	10	0	0		10	
89	空	83	5	18	40	20	

续表

敌台序号	类型（空：空心敌台，台：附墙台）	保存的完整性（100%）	雉堞（占比20%）	台顶（占比20%）	台身（占比40%）	台基（空：20%，台：60%）	干预年代与方式
90	空	30	0	5	15	10	2020年，抢险加固
91	空	20	0	0	0	20	
92	空	30	0	0	10	20	
93	空	20	0	0	0	20	
94	台	30	0	0	/	30	
95	空	10	0	0	0	10	
96	空	5	0	0	0	5	
97	空	10	0	0	0	10	未干预*
98	空	5	0	0	0	5	
99	台	40	0	0	/	40	
100	空	45	0	5	20	20	
101	空	20	0	0	0	20	
102	空	25	0	0	5	20	
103	空	73	8	10	35	20	
104	空	80	10	10	40	20	
105	空	60	2	8	30	20	
106	空	33	0	3	10	20	21世纪初，抢险加固；"崇祯十三年"瓦当
107	空	70	10	10	30	20	

注：*"未干预"指代未有大规模干预，存在勾缝、除草、局部加固等日常保养维护的干预。

空心敌台保存的完整度分为四组：0%～20%、21%～60%、61%～80%、81%～100%。0%～20%代表空心敌台仅余台基；21%～60%代表台基较好，台身状况不同，这种状况的敌台保存较差；61%～80%代表台基、台身较好，台顶保存状况不同，是空心敌台保存的良好状况，是可以进行类型研究最低的标准；81%～100%代表了保存有台基、台身、台顶和雉堞的状况，是空心敌台保存理想的状况。因为台基、台身、台顶和垛口（楼橹）存在结构与支撑关系，台基的完整度必然影响台身、台顶和雉堞等部分的完整度，而上部构筑的续存程度对下部的影响不大。

图表5-1显示，94座敌台中，保存完整度在60%以上的敌台共计50座，占总体数量的53%。对68座空心敌台的保存完整度评估结果如图表5-2所示，保存完整度大于60%的空心敌台共计37座，占总体数量的55%。延庆砖石长城的高保存完整度，主要得益于北京市对长城保护与修缮的重视，特别是新中国成立后对长城成规模的干预。高完整度为长城空心敌台的类型研究提供了有力支撑。

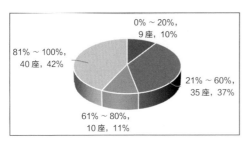

图表 5-1　延庆砖石长城敌台"保存完整度、数量、占比"统计图

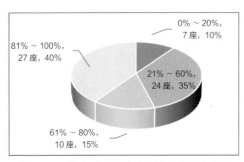

图表 5-2　延庆砖石长城空心敌台"保存完整度、数量、占比"统计图

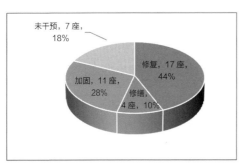

图表 5-3　延庆砖石长城空心敌台干预方式、数量、占比统计图

空心敌台明代营造信息的续存度除完整度因素外，也受到干预程度与方式的影响。长城的干预方式分为四类：复原、修缮、加固和保养维护。复原以恢复原始形象和功能为着眼点，复原空心敌台的完整形式、结构与空间。措施以整体复原为主，从平面、立面、结构、材料和细部，以历史上的某一时期为"模型"进行"复制"，以展现完整的形态为主要目标导向。因此一般复原的干预体量大，添加材料数量多。复原对原形制、营建工艺、结构形式、材料尺寸等有考虑，可以反映某一历史时期构筑的状况。修缮则旨在充分认识对象历史价值与艺术价值的基础上，使现存构筑免受进一步破坏并将其恢复到安全、稳定状态的操作与措施。加固则注重解决空心敌台等构筑物出现的结构不稳定以及出现的危险状况，以添加设施和结构支撑物为主要措施。保存度高于 60% 的 37 座空心敌台和 2 座台身完整度较高的空心敌台的干预方式统计如图表 5-3 所示。

从定义中可以明确，复原虽然恢复了空心敌台的完整形式，却对明代营造信息提取与解读造成了干扰，对空心敌台类型研究的准确度构成一定影响。对延庆砖石长城空心敌台的类型研究，需要以未干预、加固和修缮的空心敌台为主，复原的空心敌台为辅。根据干预方式统计，前者占 55%，后者占 45%，因此，延庆砖石长城空心敌台的续存完整度好，能够真实且完整地反映明代营造信息（表 5-3）。研究结果对昌镇居庸路八达岭下、石峡峪下的长城建设分期提供了基础与依据。

延庆砖石长城高三十九座高保存完整度空心敌台评价一览表　　表 5-3

(完整度排序)

敌台编号	保存的完整性(100%)	雉堞(20%)	台顶(20%)	台身(40%)	台基(20%)	干预方式
16	100	20	20	40	20	复原
17	100	20	20	40	20	
20	100	20	20	40	20	
21	100	20	20	40	20	
31	100	20	20	40	20	
33	100	20	20	40	20	
35	100	20	20	40	20	
37	100	20	20	40	20	
38	100	20	20	40	20	
39	100	20	20	40	20	
40	100	20	20	40	20	
41	100	20	20	40	20	
42	100	20	20	40	20	
44	100	20	20	40	20	
45	100	20	20	40	20	
47	100	20	20	40	20	
49	100	20	20	40	20	
68	88	18	10	40	20	加固
74	88	18	10	40	20	
77	88	18	10	40	20	
26	86	16	10	40	20	
64	85	15	10	40	20	未干预
72	85	15	10	40	20	修缮
79	85	15	10	40	20	未干预
89	83	5	18	40	20	
55	80	10	10	40	20	加固
76	80	10	10	40	20	
86	80	10	10	40	20	未干预
104	80	10	10	40	20	
82	70	0	10	40	20	加固
14	82	16	10	36	20	
69	83	18	10	35	20	修缮
73	80	15	10	35	20	
83	75	5	15	35	20	加固
103	73	8	10	35	20	未干预
60	65	0	10	35	20	加固

续表

敌台编号	保存的完整性（100%）	雉堞（20%）	台顶（20%）	台身（40%）	台基（20%）	干预方式
107	70	10	10	30	20	修缮
105	60	2	8	30	20	未干预
66	58	0	8	30	20	加固

2. 延庆砖石长城敌台的外观类型

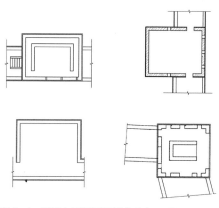

图5-4 附墙台平面图示例（延庆23号、52号、78号和81号）

如前所述，延庆砖石长城的敌台有附墙台和空心敌台两种主要类型。附墙台的形式和结构简单，构筑方式古老。隆万时期已降，附墙台一般设置于军事攻防不激烈、战事不频繁的位置，一般都设有窝铺，供住宿与储物之用。

现存附墙台可分为两种类型，以有无楼橹遗迹区分。第一类无楼橹遗迹，由台基、台顶和四周雉堞组成。第二类则在台顶中央有楼橹遗存，其余部分相同。附墙台平面尺寸略小于空心敌台，只外侧突出长城墙体。附墙台的台基略高于或者等于墙体，在制高点的附墙台多作为烽堠墩使用。楼橹可供军士长期驻守和储物（图5-4）。

戚继光与谭纶设计的空心敌台具有强烈的类型意味。法国学者昆西在其著名的《建筑历史字典》里比较了"模型"和"类型"的概念。他认为模型是一个必须按原样重复的对象；而类型是一个母题，任何人都可以构思出完全不相像的作品。模型中的一切都很精确，都是给定的；类型中的一切都或多或少有些模糊。

戚继光设计的空心敌台就具备这种类型的"模糊性"，为富于变化而又遵循共同原则的空心敌台建设提供了充分条件。无论是间距，还是台体的体量与高度等，都采用了弹性数据的表述方式，例如空心敌台的尺寸，"高三、四丈不等，周围阔十二丈，有十七八丈不等者"。在实际建设中，谭纶于隆庆三年的奏疏说明了空心敌台作为类型而非模型的特点，"谨以台制言之，广计一十二丈至十四、十五六丈而止，高连望楼四丈有奇，间有高五丈者。下用方石实砌，上用砖垒。周遭墙厚各计四尺五寸，黄花以西秋工有厚至九尺者"。

空心敌台的体量、空间和平面呈现出某些特定类型特征。民间常用"三眼楼""五眼楼"称呼空心敌楼，是根据其外观做出的朴素分类。箭窗尺寸基本以 600～900mm 为主（图表5-4），因此，箭窗数量基本反映了空心敌台的体量与规模，以及相应的防守效力。空心敌台箭窗包括前后檐箭窗（开间方向）和山墙箭窗（进深方向）两种，两个方向的箭窗都可以转化为门洞。民间对空心敌台的俗称主要以前檐箭窗数量作为依据。

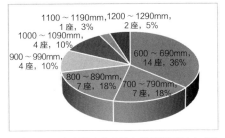

图表 5-4　高完整度空心敌台前檐箭窗尺寸"尺度、数量、占比"统计图

空心敌台作为广泛采用火器的"堡垒"，前后檐箭窗负责较远距离的攻击，山墙箭窗负责攻击墙脚下或攀登的敌军。从现场勘察数据统计的情况看，前后檐箭窗数量完全决定了空心敌台的开间长度，山墙门窗数量对进深宽度影响不大。前后檐箭窗数量为 3～6 洞不等，考虑到射孔同样占据空间，箭窗可拓展至 8 扇。山墙箭窗与门洞则处于 1～4 洞之间。空心敌台的前檐、后檐的箭窗数量相同，或前檐数量多于后檐。为了明确空心敌台的体量，统计前檐箭窗数量，39 座高保存完整度空心敌台的前檐、山墙箭窗数量统计见表 5-4、图表 5-5、图表 5-6。

延庆砖石长城 39 座高保存完整度空心敌台箭窗数量一览表　　表 5-4

空心敌台编号	开间方向箭窗数量（洞）	进深方向箭窗数量（洞）	开间—进深箭窗数量组合	干预方式
14	6	3	6-3	加固
16	8	3	8-3	修复
17	7	3	7-3	
20	3	3	3-3	
21	3	3	3-3	
26	6	3	6-3	加固
31	6	4	6-4	修复
33	6	4	6-4	
35	6	3	6-3	
37	6	3	6-3	
38	3	3	3-3	
39	6	2	6-2	
40	6	3	6-3	
41	3	3	3-3	
42	3	3	3-3	

续表

空心敌台编号	开间方向箭窗数量（洞）	进深方向箭窗数量（洞）	开间—进深箭窗数量组合	干预方式
44	3	3	3-3	修复
45	3	3	3-3	修复
47	6	2	6-2	修复
49	4	2	4-2	修复
55	6	2	6-2	加固
60	6	2	6-2	加固
64	6	2	6-2	未干预
66	4	3	4-3	加固
68	6	2	6-2	加固
69	3	3	3-3	修缮
72	5	2	5-2	修缮
73	5	2	5-2	修缮
74	3	3	3-3	修缮
76	4	1	4-1	加固
77	4	1	4-1	加固
79	4	1	4-1	未干预
82	4	2	4-2	加固
83	5	2	5-2	加固
86	5	2	5-2	加固
89	4	1	4-1	未干预
103	6	3	6-3	未干预
105	4	2	4-2	未干预
104	4	2	4-2	未干预
107	3	1	3-1	修缮

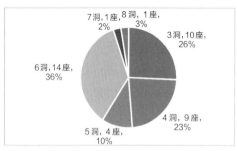

图表5-5 高完整度空心敌台"前檐箭窗数,敌台数量,占比"统计图

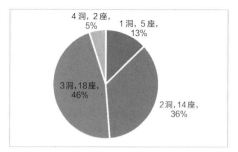

图表5-6 高完整度空心敌台"山墙箭窗数,敌台数量,占比"统计图

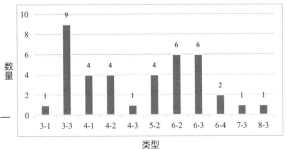

图表5-7 39座高完整度空心敌台"前檐—山墙箭窗数"类型统计图

据图表5-5的统计,延庆砖石长城空心敌台的前檐箭窗数量以3洞、4洞、6洞为主,共计33座,占总数的85%。其中,6洞箭窗的空心敌台数量最多,共14座,占36%;3洞、4洞箭窗数量较多,占比分别为26%、23%;而5洞、7洞、8洞的数量少,占比低;7、8洞的空心敌台在两进间只有射孔,实际箭窗数量为5洞和6洞。图表5-6所示的山墙"箭窗—门洞"数量统计中,以3洞门窗,即2箭窗1门洞的组合最多,共计18座,占46%;2洞门窗,即1门1窗的组合次之,共14座,占36%,以上两种空心敌台占总数的82%。而山墙只开1门洞的空心敌台为5座,占总体的13%;而山面开4洞箭窗的空心敌台只有2座,占总数的2.5%。

将前檐与山墙箭窗数量进行组合,可得到空心敌台外观分类。这种方式可以简单快捷地描述空心敌台最基本的特征、体量,如表5-4、图表5-7所示。

延庆砖石长城的空心敌台,以3-3型为主,共计9座;6-2型和6-3型次之,各有6座;4-1型、4-2型和5-2型各有3座;其他类型的敌台数量较少,包括2座6-4型,3-1型、4-3型、7-3型和8-3型各1座。3-3型空心敌台前后檐各开3洞箭窗,左右山墙以门洞居中,两侧设置箭窗,构成"四面箭窗"状态,最接近戚继光《练兵实纪》的空心敌台设计原型(图5-1)。4-3型、6-3型、7-3型和8-3型可以看作是3-3型在开间方向的拓展;而4-2型、5-2型、6-2型则是4-3型、5-3型、6-3型的"化简",即去除了进深方向内侧的箭窗;3-1型和4-1型则是完全去除了山墙箭窗。

研究延庆砖石长城现存52座可辨识外观类型的空心敌台,可获得该区段更确切的判断,数据如图表5-8所示。3-3型、6-2型数量最多,各9座;6-3型次之,共7座;4-2型计6座,4-1型计5座,5-2型计4座;其他类型的敌台数量较少,包括4-3型、6-4型各2座,3-1型、5-4型、7-3型和8-3型各1座。

3. 延庆砖石长城敌台的结构类型

"前檐—山墙"箭窗数量组合的空心敌台分类之所以具有科学依据,是由于能够从

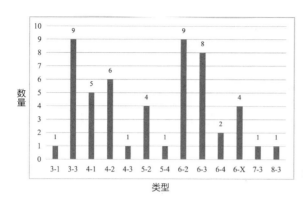

图表5-8　52座可辨识类型的空心敌台"前檐—山面箭窗数"类型统计图

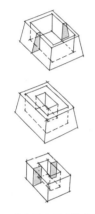

图5-5　空心敌台箭窗墙体与内部结构关系示意

一定程度上反映空心敌台的平面与空间结构。箭窗拱券及外部墙体几乎只承担自重，而箭窗内部对应着主要承重的台身筒拱（图5-5）。

空心敌台外观和结构类似，但其平面形式、结构和建造逻辑仍可能有较大不同。本书主要从建筑学、建筑结构和营造逻辑的角度，从台身空间和营造逻辑入手研究空心敌台类型。

由于采用"砖"这一标准化的人工材料，砖券成为明代空心敌台所共有的外观特征之一。拱券不仅是箭窗、门洞的承重部分，也是台顶的支撑结构。延庆砖石长城空心敌台的台身都采用了纵横高低相交的主拱和副拱作为结构支撑，没有出现如西方"十字拱"等复杂结构。下层拱券为"副拱"，上层为"主拱"。建造次序上则是先"副拱"，后"主拱"。这一特定的营造逻辑既说明建造次序，又能说明空心敌台的主体结构和主要空间特定。

延庆砖石空心敌台可分为木构架厚砖墙型、券廊型和中室型三种类型。所谓木构架厚墙型空心敌台，是指周围采用带有箭窗的围合墙体，内部承重结构采用木梁、柱、楼板体系，也可称之为"口字形"。延庆砖石长城空心敌台中，现状属于"口字形"的空心敌台共有3座，分别为40号、44号、45号，即八达岭长城北三楼、南一楼和南二楼（图5-6）。40号为6-3型，前后檐箭窗宽度0.8m，墙厚0.7m；44号、45号为3-3型，前后檐箭窗宽度分别为1.20m和1.25m，墙厚分别为0.80m和0.65m。这种类型的实例集中出现于古北口长城，如"密云266号"敌台（图5-7）、"密云268号"敌台、"密云273号"敌台、"密云275号"敌台、"密云276号"敌台、"密云285号"敌台、"密云293号"敌台。其形制多为3-3型，密云285号和密云293号为双层台身敌台，每层各有3箭窗。

图 5-6　延庆 45 号敌台内景

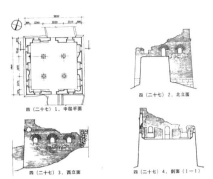

图 5-7　密云 266 号敌台（司马台东 4 号敌台）测绘图
（图片来源：晋宏逵《司马台长城》）

图 5-8　延庆 44 号、45 号敌台历史照片
（图片来源：张保田《追寻远去的长城》）

平面开间三间、进深四间，台身方正。其构造与建造方式更类似于传统建筑：以密梁结构的木梁架承托楼板与台顶。"口字"型空心敌台的使用性强、灵活性高，但坚固性差，耐久性不足。这类空心敌台的平面使用率最高，可以提供充足的储物、备战、生活等空间，战时士兵也可以有效移动，室内空间有利于形成最大火力网，彼此支持。但由于其外墙较薄，破损后防火性能差，因此其加固性差。而木构架建筑的维护成本高，耐久性相对不足。古北口长城这类敌台的现状遗存中，台身地面大多保留有原柱础石（密云 266 号、密云 273 号），墙体内侧有原柱位置痕迹（密云 268 号、密云 276 号）或密梁遗迹（密云 285 号）。台身墙体箭窗外侧采用"二券二伏"拱券结构，内侧窗框略大于外侧，顶部采用木过梁。这种开窗方式与延庆 40 号、44 号、45 号的方式一致。延庆砖石长城"口字"型空心敌台经过整体复原，目前地面无石柱础，墙面无柱痕或梁檩痕迹。根据 19 世纪末、20 世纪初的历史照片，可以确定 44 号、45 号敌台（八达岭南一楼、南二楼）为"口字"型空心敌台（图 5-8）。但在缺少历史遗迹的情况下，其具体类型有待进一步考古证明。

券廊型空心敌台，指台身平面由一系列纵横穿插的尺寸相同或相近的筒拱通廊构成条形空间为特征的空心敌台，形成"井"字形平面布局。根据主拱和副拱的组合关系与构造方式，券廊型空心敌台可以分为两种次型。第一种为"券廊—纵向主拱"型，这种空心敌台采用一组平行分布的纵向主拱作为台身支撑结构，主拱间副拱连接。第二种为"券廊—组合主拱"型，纵向的主拱位于中央，横向的主拱位于两侧，形成H形结构。从设计的角度，券廊型的平面结构似乎更强调防守的效率，特别是军士在相邻和相对的敌台的箭窗间便于移动。由于其平面空间完全由"廊道"构成，使用面积较为有限，在窄筒拱的状况下尤为明显，储物、生活等功能受到影响。券廊型空心敌台全部用砖砌筑，结构简洁、构造明确，有较好的承载力，坚固性与耐久性好，维护简单。

在完整度高的延庆砖石长城中，券廊型空心敌台数量极少，仅有89号1座，该敌台为"券廊—组合主拱"型。其位置坐落于石峡峪西侧山崖上，为4-1型空心敌台（图5-9）。89号空心敌台长13.46m，宽7.19m，总高8.79m，其中台身高3.76m。其内部空间的主拱平面布局呈"H"形，即两山内侧为两道横向主拱，宽1.3m，内部为中央纵向主拱，主拱跨度1.2m，横拱连接前后檐的箭窗，中央纵拱形成敌台的中央空间。前后廊的副拱跨度0.65m，前后檐墙厚0.9m，山墙厚1.6m。

"券廊—纵向主拱"型空心敌台可以延庆10号敌台为例。该敌台坐落于大庄科镇龙泉峪村南延庆长城第一段，箭窗类型属于3-3型，即前后檐各开3箭窗、两山各开一门二窗，门洞居中。延庆10号敌台台身接近正方形，长11.14m，宽11.30m。三道平行贯穿台身的筒拱构成空心敌台的主体结构，筒拱间距1.4m。每道筒拱宽1.28m，券高6.4m，通高3.25m，与两山的一门两箭窗相对应。副拱通高1.9m，其他如跨度、券高、间距同样为1.4m，与前后檐的箭窗相对应（图5-10）。延庆10号敌台的前后檐外墙厚2.4m，山墙厚2.24m，其厚度有效地平衡了筒拱的侧推力。

"中室"型指空心敌台的平面布局中，存在明显的中央或中心空间。一种是该空间

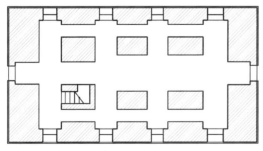

图5-9 延庆89号敌台平面图及外观

与周围的厚墙形成了"回"字。这类空心敌台的室内空间已经明显分化为交通和使用两种功能与空间：带形廊道空间主要负责箭窗之间、箭窗与门洞之间的联系，方便军士在瞭望与防守中行动，提高军事行动的效率。廊道的布置常靠近门窗，廊道的比例与尺度较为狭小，个别副拱仅可供单人俯身通行。另一种是方正且开阔的室内空间，其尺度与比例有利于休整、储藏、聚集、饮食等综合功能。方正开阔的空间常处于空心敌台的中央或中心位置，因此称为中室。廊道分布于其前后、左右或周边。中室与箭窗、门洞的联系也需通过廊道和拱券。从平面及其空间看，较之前两类，这类敌台区分了主要空间和次要空间、功能空间和服务空间、战争空间与休憩空间，是较为成熟的敌台形制。

中室型空心敌台接近空心敌台的设计原型，即带有厚墙的中室空间。而这一特点也成为隆庆三年谭纶汇报的重点内容之一，以论证空心敌台的坚固，也说明了这一构筑特点。"周遭墙厚各计四尺五寸，黄花以西秋工有厚至九尺者"。四尺五寸，合今1.44m，九尺合今2.88m。

根据延庆砖石长城高完整度空心敌台的统计，"回字"型是延庆砖石长城空心敌台中数量和比例占绝对优势的类型，共35座，占90%；"口字"型共3座，占8%；"井字"型空心敌台只有1座，占2%（图表5-9）。

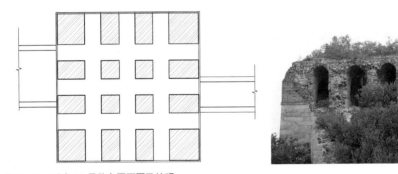

图5-10 延庆10号敌台平面图及外观

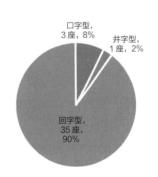

图表5-9 39座高完整度空心敌台平面类型统计图

中室可分为拱顶和木顶两种结构形式,拱顶包含筒拱式和穹顶式,木顶则为密肋式平顶结构。拱顶中室的结构整体性好、强度高,拱顶侧推力由拱脚砌体平衡,空间高度高。木顶中室建造方便,构造简便,建设速度快,用砖量少,但顶部承载能力有限,且木材容易发生糟朽、断裂等状况,影响安全、稳定和耐久性。延庆砖石空心敌台以木顶中室最为常见。木顶中室有些四周有木柱,有些则将密肋木梁或木檩插入厚墙,形成搁梁或搁檩式结构,其上为木楼板和方砖铺墁。中室四周的厚墙部分通常以筒拱为主的拱券系统构成,包含主拱、副拱,这些主拱、副拱排列与组合模式不同,可对中室型空心敌台进一步分类。

最简单的中室型空心敌台是四周厚墙围合中室,筒拱向四周开门窗洞,即"中室—筒拱"型空心敌台(图5-11)。这种结构与体量构成手法简明、直接,空间由方正的中室和四周条形拱券空间构成,但空间使用率低,结构面积大。这类空心敌台的筒拱只需要一种高度,拱脚以砌体支撑,彼此并置,建设受限制较小,总体较为高大。

由于中室内侧山墙面宽度限制,只容纳1门或1门1窗,外观构成X-1型和X-2型空心敌台。X-1型空心敌台仅有一道纵向筒拱。综合中室建造的材料和结构形式,用"中室—木顶—单纵拱型"命名。一般而言,前后檐的筒拱轴线两两对应,两山的筒拱轴线彼此对应,如延庆76号敌台。但也有两山筒拱轴线呈两条平行线分布的状况,如77号敌台。X-2型为"中室—木顶—双纵拱"型空心敌台,指山面存在两道纵向筒拱,如82号敌台(图5-12)。这类空心敌台要么缺少山面的箭窗,要么箭窗无法伸出墙外,可充分发挥防守效果。

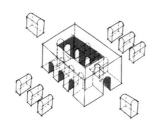

图5-11 由"空心台"向"中室—筒拱"型转变示意

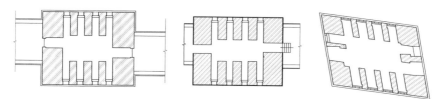

图5-12 中室—木顶—单/双纵拱型敌台示意
(左:延庆76号敌台平面图。中:延庆77号敌台平面图。右:延庆82号敌台平面图)

复杂平面的空心敌台都可以被视为由"中室—筒拱"型空心敌台通过"减""加"结构单元，形成从简单到复杂的空间、结构和构筑。具体而言，以"减法"为主的空间构成方式，就是在主拱拱脚下"挖出"副拱券道和空间（图 5-13）。"加法"即在"中室—筒拱"型的结构单元外，添加相同的单元（图 5-14）。"减法"构成副拱券道较窄矮，而"加法"则添加主拱。"减法"形成的拱券互相承托，任何拱券的破坏都会影响中室的完整度和结构安全性；而"加法"的拱券结构与中室并置，其结构破坏不直接影响中室的结构安全。"减法"的中室侧墙较厚，由中室直到箭窗；而"加法"的中室侧墙较薄，仅从中室到相邻的拱券。

"减法"构成的空心敌台可分为"中室—侧室"型、"中室—副拱侧廊"型和"中室—副拱回廊"型三种分类型。在"中室—筒拱"型空心敌台的角部墩墙内使用"减法"创造空间和箭窗，形成"中室—侧室"型空心敌台。侧室一般较狭窄，顶部常用平券顶，而跨度大的侧室也采用筒拱结构支撑。根据侧室位置不同，"中室—侧室"型空心敌台可分为"中室—外侧室"型和"中室—内外侧室"型两种形式。"中室—木顶—内外侧室"型则是在台身四角同时设置侧室，如 74 号敌台、86 号敌台（图 5-15）。由于其构造方式不同，外观则呈现 X-2 型或 X-3 型。"中室—侧室"型空心敌台增大了可使用面积，

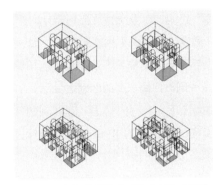

图 5-13 空间"减法"构成的"中室—筒拱"型空心敌台

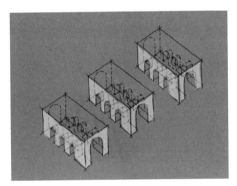

图 5-14 空间"加法"构成的"中室—筒拱"型空心敌台

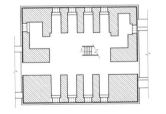 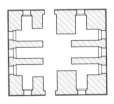 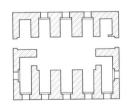

图 5-15 "中室—木顶—内外侧室"型敌台示意
（左：延庆 39 号敌台平面图。中：延庆 74 号敌台平面图。右：延庆 86 号敌台平面图）

但其"厚墙"特征仍然保留。在这一特征下，箭窗之间的联系必然通过中室作为交通中转，削弱了中室空间的完整性，影响休憩与储藏等功能。

为获得更多使用面积，使用"减法"进一步合理化空心敌台内部空间，则出现了"中室—副拱侧廊"型和"中室—副拱回廊"型。"中室—副拱侧廊"型是在"中室—单纵拱"型的两山墙中各开一条低于门洞拱的副拱券道，向两山及前后檐开箭窗，如66号空心敌台（图5-16）。同样的原理，在两山和前后檐的厚墙中各开副拱券道，就构成了"中室—副拱回廊"型空心敌台，如14号空心敌台（图5-17）。这类平面除获得极大的使用面积外，更将其室内划分为中室空间、箭窗空间、走廊空间三部分，区分了使用空间、辅助空间，进而压缩了结构面积，节约了建筑材料，使建筑结构更符合拱券的特点，特别是在拱券交叉的部位，简明清晰地使用主—副拱券体系，从而提高了建设效率。

以"减法"作为生成逻辑而演化的空心敌台，是以"中室—纵拱"型作为基本型，演化为"中室—侧室"型和"中室—副拱廊"型两个分支，进而演化为"中室—外侧室"型、"中室—内外侧室"型、"中室—副拱侧廊"型和"中室—副拱回廊"型等形式。需要说明的是，以上分析是以形式从简单到复杂作为逻辑，而实际的建设时序仍需要结合文献进一步研究。

"加法"的形式生成逻辑仍以"中室—纵拱"型为基本结构，在中室前、后檐各添加一道纵向主拱，这种方式称为"中室—主拱前后廊"型，如41号空心敌台（图5-18）。以同样的方式，在中室四周添加一圈主拱券道，就形成"中室—主拱围廊"型，如38号空心敌台（图5-19）。由于"添加"的围廊主拱需要平衡侧推力，箭窗位置的墙壁通常较厚，这也是"中室—主拱前后廊"型和"中室—副拱回廊"型的区别之一。

图表5-10为延庆区"中室"型空心敌台的分类型统计，"中室—木顶—副拱回廊"型和"中室—木顶—外侧室"型的空心敌台占绝对优势，分别为11座和10座，合计占比60.0%，是这一地区最常见的空心敌台类型。其余各分类型的数量与比例差别不大。

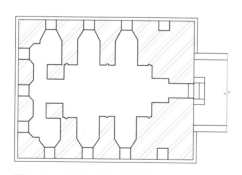

图5-16　延庆66号敌台平面图

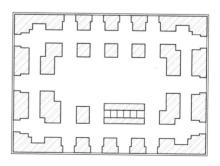

图5-17　延庆14号敌台平面图

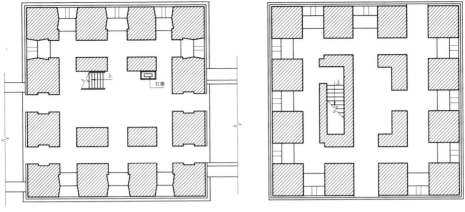

图 5-18 延庆 41 号敌台平面图　　图 5-19 延庆 38 号敌台平面图

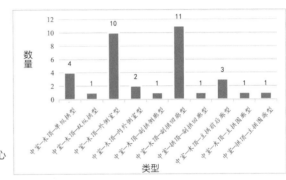

图表 5-10　35 座高完整度"中室"型空心敌台的类型与数量统计图

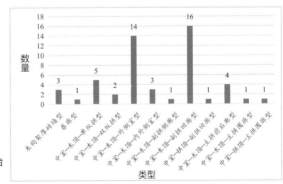

图表 5-11　52 座可识别结构信息空心敌台的类型与数量统计图

结构上，延庆砖石长城空心敌台的中室绝大多数为木构架，共 33 座，占 94.3%；而砖券顶的中室仅 2 座，占 5.7%。依照结构类型构成方式分析，以"减法"构成的空心敌台共计 30 座，占比为 85.7%；而"加法"构成的空心敌台共计 5 座，占比为 14.3%。对 52 座可识别结构空心敌台的分析也支持上述结论（图表 5-11、表 5-5）。据此推论，延庆明代砖石长城,即居庸路"八达岭下""石峡峪下"长城的空心敌台最常见类型为"中室—木顶—副拱回廊"型和"中室—木顶—外侧室"型。

52座可识别结构信息空心敌台的类型与数量统计一览　　表5-5

序号	结构类型	数量（座）	敌台编号
1	木构架厚砖墙型	3	40、44、45
2	券廊型	1	89
3	中室—木顶—单纵拱型	5	76、77、79、92、107
4	中室－木顶－双纵拱型	2	59、82
5	中室—木顶—外侧室型	14	39、47、49、55、60、61、64、68、71、73、80、100、104、105
6	中室—木顶—内外侧室型	3	74、86、87
7	中室—木顶—副拱侧廊型	1	66
8	中室—木顶—副拱回廊型	16	14、15、16、20、21、24、25、26、31、33、35、37、65、72、75、103
9	中室—拱—副拱回廊型	1	83
10	中室—木顶—主拱前后廊型	4	41、42、69、90
11	中室—木顶—主拱围廊型	1	17
12	中室—拱顶—主拱围廊型	1	38
13	附墙台	26	18、19、22、23、27、28、30、32、34、36、43、46、48、50、52、54、58、62、63、70、78、81、88、93、94、99

四、敌台分布的特点

本节研究敌台类型在具体隘口管辖范围内的分布与组合规律,依然将敌台分为结构类型和外观类型进行特定讨论。外观类型代表着具体位置的军事防御设置,结构类型主要涉及空心敌台的建造与相应的历史时期。

根据研究结果,敌台结构类型为"附墙台—关隘",空心敌台的"中室—木顶—纵拱"型、"中室—木顶—侧室"型和"中室—木顶—副拱回廊/侧廊"型的数量分别为26座、7座、17座、17座,空心敌台的数量占该区段可识别的52座空心敌台的78.8%,可以充分说明延庆区敌台结构类型的分布规律。

1. 延庆砖石长城附墙台的分布与特点

延庆14～107号敌台中,附墙台(含关隘)共26座,编号见表5-6。如图表5-12所示,附墙台有成对和规则间隔出现的特点,成对出现的共五组,分别为18-19号、22-23号、27-28号、62-63号、93-94号;间隔出现包括两组:28-30-32-34-36号和46-48-50-52-54号。结合地形标高分析,附墙台的位置较为极端,设置在地形制高点(山顶)或最低点(山谷),位于制高点的附墙台包括36号、48号、50号、54号、78号,共计5座,占附墙台总数的19.2%;位于谷地的附墙台包括18号、32号、34号、43号、70号、88号、99号,共计7座,占附墙台总数的26.9%。

附墙台在隘口正城和范围内的设置存在着一定规律,具体见图表5-12。位于隘口正城的附墙台包括18号、27号、32号、44号、52号、70号、81号、88号,共计8座,分别对应于石佛寺口、青龙桥东口、王瓜谷、八达岭口、黑豆峪、于家冲、花家窑、石峡峪口的隘口正城。如果考虑58号、94号分别毗邻化木梁、糜子峪口正城,则"居庸路"八达岭下、石峡峪下的10座隘口正城均布置有附墙台。附墙台具有突出的防御能力、台顶平面不限制武器和人员布置等特性。

"八达岭下"的附墙台数量明显高于"石峡峪下"(表5-1)。"八达岭下"的总敌台数为60座,附墙台为18座;而"石峡峪下"现存敌台总数为27座,附墙台6座。与《四镇三关志》所记载的数量比较,说明万历朝以降,"八达岭下"敌台总数增加21.6%。其中,附墙台为主要的增加类型。同时也不排除后期将坍塌的空心敌台改为附墙台的可能。"石峡峪下"敌台数量的减少,则可能应将花家窑口、石峡关北侧的"延庆长城101段、102段"的延庆461～466号敌台计算在内,即现状遗存总数为33座敌台。

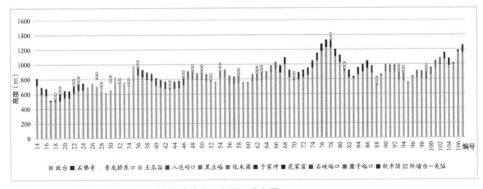

图表5-12 延庆砖石长城附墙台(关隘)海拔及各隘口分布图

延庆砖石长城各隘口附墙台（不含关隘）占比情况一览　　　　表 5-6

从属关系	隘口名称	总敌台数（座）	附墙台数（座）
八达岭下	石佛寺	11	4
	青龙桥东口	6	3
	王瓜谷	5	2
	八达岭口	10*	2
	黑豆峪	7	3
	化木梁	12	4
	于家冲	9*	0
	合计	60	18
石峡峪下	花家窑	11	2
	石峡峪口	3	1
	糜子峪口	13	3
	合计	27	6
白羊口下	软枣顶	5	0

注：* 不含八达岭关城（43号）及于家冲正城（70号）。

从各隘口实际位置上看，附墙台在隘口正城、敌台和烽燧墩的组合明确。开阔的附墙台有利于实现重型与轻型火器的组合，较空心敌台射击角度更为灵活。附墙台的隘口有三种代表性的位置：正城—侧翼式、正城—烽燧墩式和正城—侧翼—烽燧墩式。"正城—侧翼式"指附墙台分布于正城及毗邻位置；"正城—烽燧墩式"指附墙台设于谷口正城和制高点的烽燧墩处；而"正城—侧翼—烽燧墩式"则主要指以上三个位置都设有附墙台。现实中，"正城—侧翼式"的隘口包括"青龙桥东口""王瓜谷""石峡峪口"和"糜子峪口"；"正城—烽燧墩式"隘口包括"八达岭口"和"花家窑"。"八达岭口"是这一类型隘口的典型代表，其附墙台分布于隘口两端制高点的位置。"正城—侧翼—烽燧墩式"则包括"石佛寺口""黑豆峪""化木梁"。"石佛寺口"的附墙台共4座，成对的附墙台与两座空心敌台呈间隔状分布于正城东侧山坡。附墙台与空心敌台间隔分布，这种复合式的组合有利于提高各隘口的防御与通信能力，各司其职的方式形成了戚继光式固定的"鸳鸯阵"，能够以极小的代价取得最大的战力和效果。这将在后面结合各隘口的全部敌台类型进行详细讨论。

2. 延庆砖石长城空心敌台结构类型的分布特点

空心敌台的主要结构类型为"中室—木顶—纵拱"型、"中室—木顶—侧室"型和"中室—副拱—回廊—侧廊"型。

"中室—木顶—纵拱"型空心敌台共计7座,其分布情况见图表5-13。2座"双纵拱"型空心敌台处于山谷,而5座"单纵拱"型空心敌台都处于海拔高的山峰位置。从具体的隘口分布看,4座隘口中存在"中室—木顶—纵拱"型空心敌台,从东到西依次为"化木梁""花家窑""糜子峪口"和"软枣顶"。2座"双纵拱"型空心敌台分别位于"化木梁"和"花家窑"正城;而3座"单纵拱"型空心敌台位于"花家窑"段最高峰——青水顶的附近,占据"八达岭下"与"石峡下"交接处,即昌镇长城和宣府南山路交接处,其烽燧墩的作用十分突出。1座位于"糜子峪口"的制高点;1座位于软枣顶口的制高点,划分该口与牛腊沟段。比例上"花家窑"该类型占比最高,为36.4%。

"中室—木顶—侧室"型空心敌台17座,其中"外侧室"型共14座,"内外侧室"型3座。这类空心敌台于山谷、山腰和山峰都有分布,位于山谷的为60号与105号空心敌台;位于山峰的为47号、55号、68号和86号四座空心敌台,这几座山峰与周边地形相比,高差不大,坡度相对平缓;其他空心敌台则坐落于山腰部位,是这一类型的主要地形位置。从密度上看,自60~74号敌台之间最为密集,47~60号、74~105号敌台之间较为稀疏(图表5-14)。从隘口范围来看,八达岭口迤西的8座隘口全部

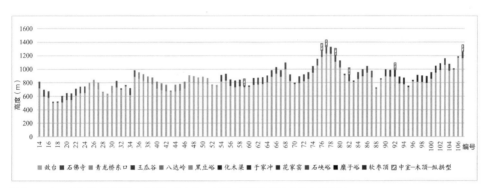

图表 5-13　延庆砖石长城隘口范围与"中室—木顶—纵拱"型空心敌台分布图

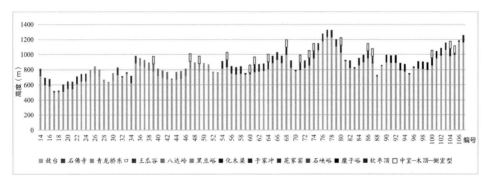

图表 5-14　延庆砖石长城隘口范围与"中室—木顶—侧室"型空心敌台分布图

都包含这类空心敌台。位置上，化木梁和软枣顶的"正城"各有1座；数量上，八达岭口、石峡峪口和糜子峪口各1座，黑豆峪、花家窑、软枣顶各2座，化木梁和于家冲各4座。比例上，该类型在"于家冲"段占比最高，为50%。

"中室—副拱—回廊—侧廊"型空心敌台包括"中室—木顶—副拱回廊"型、"中室—木顶—副拱—侧廊"型和"中室—拱顶—副拱回廊"型三种分型，共18座。在数量上，"中室—木顶—副拱回廊"型占绝大多数，共16座；其他两种分型各1座，"中室—木顶—副拱侧廊"型为66号，"中室—拱顶—副拱回廊"型为83号。这类敌台的分布特点与"中室—木顶—侧室"型的规律相似，地理上，在山谷、山腰和山峰部位都有分布，同样以山腰为主。位于山谷附近的为83号敌台，位于山峰位置的包括14号、26号、35号、66号、103号，共5座空心敌台，其余类型敌台则主要分布于山腰部位。从密度上看，该类型主要分布于14～37号以及65～75之间（图表5-15）。结合隘口范围观察，该类型可见于"石佛寺口""青龙桥东口""王瓜谷""八达岭口""化木梁""于家冲""花家窑"和"软枣顶"在内的8座隘口。数量上，"八达岭口""花家窑""软枣顶"各1座，"青龙桥东口""化木梁""于家冲"各2座，"王瓜谷"段3座，"石佛寺口"段有6座。比例上，"王瓜谷"段最高，为60%，"石佛寺口"为54.4%，"青龙桥东口"占33.3%（图表5-16）。

文献和长城沿线发现的大量"城工碑"和"鼎建碑"显示，隆万时期已降的空心敌台和间墙建设集中利用"春秋两防"时间，因此，敌台类型、建造材料和构造技术方面呈现出"分批次"的特征。据此类型独特、数量少的空心敌台，可以被认为是后期添建、改建或另建的结果。数量较少的敌台类型有"木构架厚墙"型、"中室—木顶—主拱前后廊"型、"中室—木顶—主拱围廊"型、"中室—拱顶—主拱围廊"型和"券廊"型五种类型，后三种的数量仅各有1座。从具体的分布位置看，3座"木构架厚墙"型，2座"中室—木顶—主拱前后廊"型，1座"中室—拱顶—主拱围廊"型空心敌台位于"八达岭口"

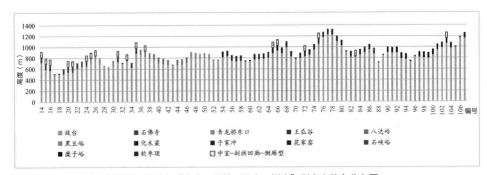

图表5-15　延庆砖石长城隘口范围与"中室—副拱—回廊—侧廊"型空心敌台分布图

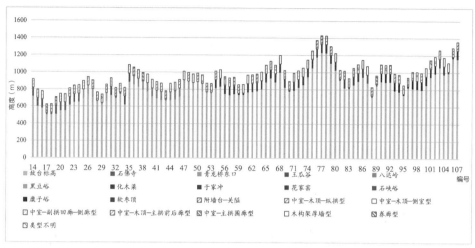

图表 5-16 延庆砖石长城隘口范围与敌台结构类型综合分布图

段；1座"中室—木顶—主拱围廊"型位于"石佛寺口"正城。以上敌台都经过复原式的干预，不能提供严格的历史参照，而其余 2 座"中室—木顶—主拱前后廊"型的空心敌台，1 座位于"于家冲"正城东侧，另 1 座位于"糜子峪口"东端，毗邻"石峡峪口"西端唯一的"券廊"型空心敌台，说明此两种类型应为后期改建的、为加强隘口防守的构筑。这种关系也可以推衍出"八达岭"关口东侧的两座"中室—木顶—主拱前后廊"型空心敌台为后期改建的构筑。

图表 5-16 反映了延庆砖石长城敌台分布和组合规律，包括"附墙台"与"中室—木顶—副拱回廊"型组合的"间隔模式"，"附墙台"与"中室—木顶—侧室"型组合的"间隔模式"，"中室—木顶—纵拱"型、"中室—木顶—侧室"型和"中室—木顶—副拱回廊"型的组合模式，以及多种类型的混杂模式。前几种组合有着明显的规律性，最后一种组合貌似随机，但令人信服的解释是不同时期的改建结果。这种改建可以参照慕田峪长城慕字 16 号、慕字 19 号敌台的墙墩下有柱础痕迹。

"附墙台"与"中室—木顶—副拱回廊"型组合的"间隔模式"，指在砖石长城的一定区间内，敌台几乎只由这两种敌台构成，这两种敌台或单独或成组的间隔分布。这种现象集中体现在 14～37 号敌台之间，包括"石佛寺口""青龙桥东口""王瓜谷"和一小部分"八达岭口"。该区间的空心敌台只有 17 号为"中室—木顶—主拱围廊"型，其他敌台全部为上述两种类型。这两种类型形成 1 座、2 座、3 座相连的组织方式，成组间隔出现。14～31 号之间，即"石佛寺口""青龙桥东口""王瓜谷"，以 2～3 座"中室—木顶—副拱回廊"型组合、2～3 座"附墙台"组合的分布为主。31～37

号之间,主要隶属"王瓜谷",以交替间隔的方式重复。由此可见,隆万时期初期,这一段的空心敌台以"中室—木顶—副拱回廊"型为主要类型。

"附墙台"与"中室—木顶—侧室"型组合的"间隔模式"集中出现在46~64号敌台区间,即"黑豆峪"和"化木梁"段。其中,东段"黑豆峪"的46~55号以两种类型交替间隔分布为主要特征,西段则以2~3座同类型连续布置,继而间隔布置。因此可以判断,该区间的空心敌台以"中室—木顶—侧室"型为主要类型。这种带有区间性质的类型集中分布,可能是由于不同时间,即不同春、秋防时期修建的,更有可能是由于同时期但不同隶属的建设者。

"中室—木顶—纵拱"型、"中室—木顶—侧室"型和"中室—木顶—副拱回廊"型三种结构模型相似的组合模式,集中出现在"化木梁"西段、"于家冲"的64~77号敌台、"糜子峪口"西段和"软枣顶"的100~107号敌台间,间或有个别"附墙台"与"中室—木顶—主拱前后廊"型组合的空心敌台。这种组合模式没有明显的规律,但"中室—木顶—单纵拱"型空心敌台分布于山峰之上,其他类型的空心敌台主要分布于山腰部位。而敌台类型相对混杂的主要分布于"八达岭口"的38~46号敌台区间,"中室—木顶—副拱围廊"型、"中室—拱顶—主拱围廊"型、"中室—木顶—侧室"型、"中室—木顶—主拱前后廊"型、"木构架厚墙"型空心敌台都有分布,且数量均为一二座。这种现象只有用"空心敌台经过万历朝之后的多次加固与改建"才能解释。

空心敌台结构类型及分布研究有助于重建各隘口的历史,明确了分段建设和空心敌台的进程,结构类型组合布局可以作为隘口管辖范围判定的依据。某区段内大量出现且分布有规律的空心敌台可以确知是最早期的批量构筑。以"减法"构成的空心敌台是延庆砖石长城最早的构筑,时间上对应隆庆三年至万历三年(1569—1575年)。参照对"蓟镇"和"真保镇"的敌台与分期研究,"中室—主拱围廊"型常见于万历二年至万历十一年(1574—1583年),"券廊式"则流行于万历十年至明末(1582—1644年)。

箭窗的多寡与方位,对防守有着更实际的意义。具体的防守强度,特别是兵力与武器配置,则需要对外观类型的分布规律做进一步的总结。

如前所述,延庆砖石长城的空心敌台共有13种外观类型(图表5-8)。下文按照其类型数量的多寡,对其分布及位置做出研究与总结。

3-3型空心敌台共9座,分布于20~74号敌台区间,7座分布于山脚,其中6座成对分布,两两相连。另外两座分布于山腰(图表5-17)。

6-2型空心敌台共9座,分布于39~87号敌台区间,其排列组合与间隔没有明显的规律。该类型在山脚、山腰和山峰都有分布,4座分布于山脚,分别为60号、61号、71号、87号;3座分布于山峰,分别为47号、55号、68号;其余2座分布于山腰部分(图表5-18)。

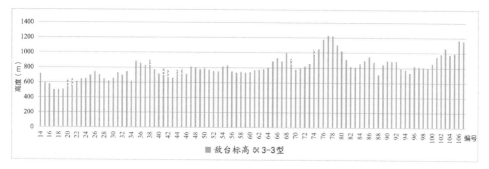

图表 5-17　延庆砖石长城"3-3"型空心敌台位置与分布图

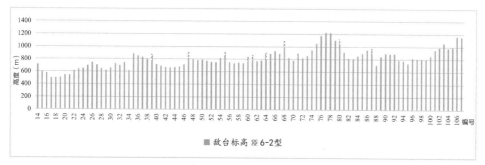

图表 5-18　延庆砖石长城"6-2"型空心敌台位置与分布图

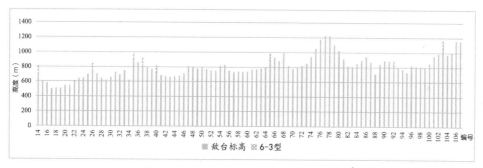

图表 5-19　延庆砖石长城"6-3"型空心敌台位置与分布图

6-3 型空心敌台共 7 座，分布于 14～103 号敌台区间，几乎覆盖了整个延庆砖石长城的范围，其分布呈现分散与组合兼具的特质。35 号、37 号、40 号 3 座敌台形成一个小组团，分布于山腰—山顶的部位，其余 4 座都分布于山峰部位（图表 5-19）。

4-2 型空心敌台共 6 座，其分布同样呈现分散与组合的特点，这种类型的敌台与山谷的关系较为密切，104～105 号成组分布于山谷一侧，其他 4 座分散于毗邻山谷的部位（图表 5-20）。

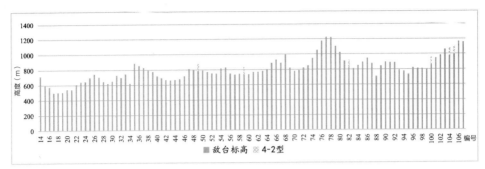

图表 5-20　延庆砖石长城"4-2型"空心敌台位置与分布图

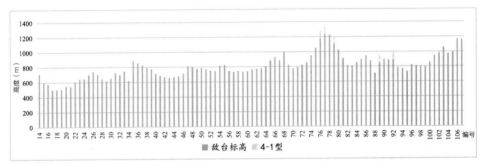

图表 5-21　延庆砖石长城"4-1型"空心敌台位置与分布图

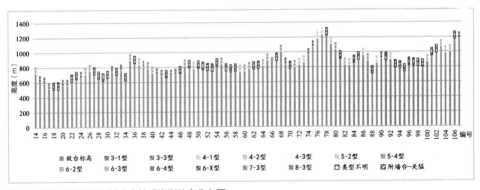

图表 5-22　延庆砖石长城敌台外观类型综合分布图

4-1 型空心敌台共 5 座，其组团分布的特征明显。76～79 号空心敌台组合分布于山峰之上，89～92 号距离较近且也分布于山峰—山脊之上（图表 5-21）。4 座 5-2 型空心敌台同样呈现成组分布的特点，72～73 号分布于山腰位置，83 号位于山谷，86 号位于山峰。6-4 型空心敌台共 2 座，31～33 号成组分布于山峰。

延庆砖石长城空心敌台外观类型的综合分布见图表 5-22，似乎没有显示出明显的规律性。空心敌台的两两搭配或一定数量的组合，没有形成固定的类型组合或搭配。同

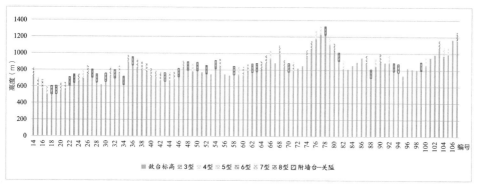

图表 5-23　延庆砖石长城敌台前檐外观类型综合分布图

样地，外观类型的分类似乎也与地形地貌没有固定关联。某种特定类型的空心敌台，可以使用在山谷、山脚、山腰和山顶或山脊；同样的地形地貌区域，存在着不同外观类型的空心敌台及其排列组合方式。结合空心敌台的建造历史情况，推测建设初期并未严格地限定特定位置的空心敌台外观类型；同时随着后期的增建、加固与拆旧建新，从而形成了其序列及组合方式较混杂的面貌。为了进一步探讨外观类型的分布规律，结合军事防守的功效，以发挥打击作用最大的"前檐箭窗数"作为标准，对延庆砖石长城空心敌台外观类型进行归类与简化（图表5-23）。需要明确的是，前檐箭窗数量也包括了实际的射孔数量，例如一些"6型"的空心敌台，前檐实际由4座箭窗与2座尽间射孔组成（如延庆14号敌台），且这种现象在延庆砖石长城中较为普遍。

　　观察延庆砖石长城空心敌台"外檐箭窗数量类型"的分布，明显且固定的空心敌台组合方式依然未能呈现。这说明在建造之初，具体位置的敌台类型并未作为特定的设计要求，而更多地取决于地形条件和建造结构技术。但结合位置的地形条件与军事情况，可发现较为明显的规律。这种规律主要体现在"峰—谷—峰"的地理单元中，具体而言，在两峰及附近地点，多采用6型等前檐箭窗多、面阔大的空心敌台；而靠近山谷或山脚部位，则采用3型等前檐面阔小的空心敌台；对于海拔高度变化小的山梁，则统一采用"5型""6型"等大面阔的空心敌台；而对于海拔绝对高的主峰区域，因为已经超出有效射程范围，则采用"3型""4型"等小面阔的空心敌台，形成了空心敌台"两翼面阔宽—中央窄面阔"的外观类型组合模式。分析建造时序，谷口及山脚应为最早建设空心敌台的位置。在这个区域很可能较多地利用了旧墩改建空心敌台，多受原构筑的限制，且"3型"空心敌台最接近戚继光的空心敌台设计原型；而在山腰和山峰建造面阔较大的空心敌台，很可能是后期的改进。从文献上看，戚继光最初设想的空心敌台"周围阔十二丈"。这一尺寸，仅是万历朝最基础的三等空心台的尺寸。由此可知，水平延展的空心敌台，实则是在实际执行中，将空心敌台"二层"面积转移向一层。前文所述的大量实物中出现的"6型"空心敌台只有4洞箭窗和两射孔的情况说明，在防守战斗中并不需要如此大量的作战空间，而是需要有效地多容纳军士。从尺寸上看，延庆砖石长城空心敌台的建设时间较早、建设速度极快，基本完成于隆庆三年至五年之间。其周长都保持在九至十五丈之间，未出现文献中所载蓟镇周长二十四丈的一等空心敌台的实例。外观类型的随机搭配也说明这一防御体系的总体控制、系统设计优于对细节的把控，从而兼顾了局部随机应变的弹性与活力，而这是一种设计的哲学与智慧，而非僵化的条例。延庆砖石长城的空心敌台系统，实现了整体控制、重视实际、兼容并蓄、保持活力的"营造之道"，同时也体现了空心敌台在功能和地形上有着超强的适应性。

戚继光有着针对具体军事情境创造防守阵型的超强能力。延庆砖石长城的关隘防守，可以与其抗倭时期创造的"鸳鸯阵"进行类比。其设计的阵型阵法、武器装备与配合、对不同情形的设计等，都是明确针对特定军事地理环境、特定的进犯对象而实施的。

首先，"鸳鸯阵"和隘口防守系统阵型的构成、元素数目与形式非常类似。"鸳鸯阵"和隘口防守系统都是对称阵型。"鸳鸯阵"作为戚继光创造的最著名的阵法之一，《纪效新书》《戚少保年谱耆编》等书中都有详细的描述。这种纵队可以根据实际情况向两翼展开。砖石长城的隘口构筑，以正城为首，以空心敌台和附墙台及间墙形成的"人"字形编组。各隘口的范围内，以正城为核心，以两侧空心敌台和附墙台为两翼的立体"鸳鸯阵"。两侧的空心敌台和附墙台虽然非完全对称，也未满足五、六的数目要求，但其形式一致。鸳鸯阵的优点包括"坐作进退，咸入矩度，金鼓节奏，军容整肃"。而这种局面在长城防线中得到了延续。

其次，应用的军事环境与条件都适用于宽度受限的狭长地形，适合迎击正面进攻的人数劣于己方的敌军。这类地形敌军不能集中冲锋，而只允许少量的前端进攻。"鸳鸯阵"主要应用于江南地形。对称的两纵队阵法，最适合迎战正面进攻的敌人，而无需过度顾及两翼。同时，人数占优的"鸳鸯阵"专以克制单兵作战的倭寇，"偏则伍之，两则什之"。同样地，戚继光连以间墙的空心敌台设计，主要目的是将分散的隘口连接为线，封锁山谷，占据山峰，从而利用"峰—谷"的地理单元，将漫长离散的战区划分为可以控制的战斗单元。

然后，在于适应地形与不同的环境。鸳鸯阵可以根据人数灵活地演化为两仪阵、三才阵。虽然砖石长城以敌台和间墙为主体的固定防御工事不能随机组合，但能够通过不同数目的敌台组合适应不同的隘口。

最后，在于多种武器的相互配合。鸳鸯阵的武器包括盾牌、狼筅、长枪、短兵、火器，还包括腰刀、弓箭、火箭等。进攻中，鸳鸯阵间隔长枪和短兵，按照战术小组前进。

其武力配置的特点是，将防守武器置于最前，包括盾牌与狼筅，在拉开距离后打击敌人，主要武器为长枪，最有打击力度的火器放在最后，始终保证火器有足够的安全距离与射杀距离。通过对"鸳鸯阵"的分析，也就不难理解各隘口将面阔宽的空心敌台放在最外侧的布局方式了。同样地，为了发挥长城采用弓箭与火器作为主要武器的优势，外侧的边坡、鹿角、树林等工事，都是为了达到保存自己、打击敌人的目的。在管理上，为了保证最前面队长和牌手的安全，鸳鸯阵采用了"牌手阵亡，伍下兵通斩"的连坐方式，使这一系统牢牢地联系在一起。长城体系中正城的地位与"牌手"相似，虽未见明确规定，但所有攻防都是为了保护正城，使单点形成体系。

3. 延庆砖石长城各隘口空心敌台类型组合特点

延庆砖石长城各隘口的空心敌台外观类型配置情况，能够较好地说明这一体系的配置，同时也能够更好地验证隘口起止点与范围假说的科学性。以下对延庆砖石长城各隘口空心敌台的结构类型和外观类型进行总结。

"石佛寺口"自14～24号共有11座敌台。其中，18号、19号、22号、23号为附墙台。空心敌台共包括两种结构类型：14号、15号、16号、20号、21号为"中室—木顶—副拱回廊"型，17号为"中室—主拱围廊"型。"石佛寺口"整体基本随山势东西向分布，正城位于17～18号敌台之间。两翼的外观类型与敌台数量不对称，东山4座、西山7座。自正城位置开始，东山4座敌台依次为7-3型、8-3型、6-X型和6-3型；西山的7座敌台依次为2座附墙台、2座3-3型、2座附墙台、6-X型（图表5-24）。6型以上的空心敌台都包含二间射孔与望孔。火力配置方面，东山集中且强劲，最强火

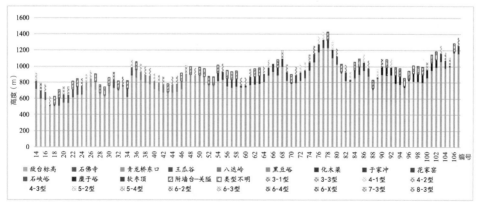

图表5-24　延庆砖石长城隘口范围与敌台外观类型综合分布图

力设置在毗邻正城的16号敌台，西山较为平均和灵活。这种设置的主要原因是东山长城走向沿外侧山谷，是该隘口的主要迎击区域且敌台的间距大，西山长城的敌台分布密集且地形优势大。功能上，处于较高海拔及平面转折部位的23号附墙台最可能为烽燧墩。表面上看，各空心敌台配备的武器类型与数量相似，但其目的仍是互相保护，以及墙台之间的"相卫"。在保证自身与战友安全的前提下，凭借地形优势与构筑设置，对山谷内的敌人进行打击。

"青龙桥东口"共有6座敌台，编号自25～30号。其中，27号、28号、30号为附墙台，29号敌台类型不明。空心敌台为25号、26号，结构类型都是"中室—木顶—副拱回廊"型。"青龙桥东口"基本呈南北走向，"正城"位于28～29号敌台间。从该位置开始，南山长城敌台依次为2座附墙台、6-3型和5-4型；北山长城两座敌台依次为类型不明和附墙台。从地理单元看，26号敌台处于海拔最高点。空心敌台的火力似乎对隘口的防御作用较弱。这种情况一方面是由于该口距离八达岭关距离较近，防守压力不大；另一方面可能是元代设于此处的"镇龙卫"仍有军事驻扎，该口的防守主要依靠凭墙打击。

"王瓜谷口"共有5座敌台，编号自31～35号。其结构类型比较单一，32号、34号为附墙台，31号、33号、35号都是"中室—木顶—副拱回廊"型。王瓜谷口段落主要呈南北向，正城位于32～33号敌台，从该位置向两侧延展，南山敌台外观类型依次为附墙台和6-3型，北山敌台外观类型依次为6-3型、附墙台和6-2型。35号敌台是这一区域的制高点与长城走势转折点。这段长城将整道山谷围在内部，其防御压力不大，因此采用了较为均匀规律的布局方式。

"八达岭关"共有11座敌台，编号自36～46号。其结构类型丰富，几乎包含了延庆砖石长城空心敌台的所有结构类型。除附墙台外，共包含五种结构类型，分别为："木构架厚墙"型，为40号、44号、45号；"中室—木顶—侧室"型，为39号；"中室—木顶—副拱回廊"型，为37号；"中室—木顶—主拱前后廊"型，为41号、42号；"中室—木顶—主拱围廊"型，为38号。这种多样且成组出现的空心敌台，是历史多次加固改造的体现。"八达岭口"长城总体呈东西走向，关口位于43号敌台，从该位置向两侧延展，北山长城依次为2座3-3型、6-3型、6-2型、3-3型、6-3型、附墙台；南山长城依次为2座3-3型、附墙台。虽然总体的敌台与火力配置非对称分布，但在41～45号敌台的小区间内仍形成了对称的格局。作为延庆砖石长城中最重要的段落，对称的布局以及均等的火力配置应是防守的最佳设置。从整体看，"八达岭口"的火力更偏向于北山，这也是由于其外侧存在山谷和"通众骑"的原因。

"黑豆峪口"共包含7座敌台，编号自47～53号。其结构类型简单，除附墙台外，仅包括一种空心敌台类型。附墙台为48号、50号、52号；"中室—木顶—侧室"型空心敌台为47号和49号。黑豆峪口长城呈东西走向分布于一道山梁之上，北侧的山谷只到山脚，为山梁所阻。因此该段长城的防守同样为顺山谷走向，各敌台的海拔高度差别不大。"正城"位于52～53号敌台间，敌台全部分布于正城以东。在外观类型中，49号敌台为4-2型，47号敌台为6-2型。因为47号敌台处于"八达岭口"与"黑豆峪"的交接部位，其功能很可能为"烽燧墩"，而非属于任何隘口的空心敌台。因此，黑豆峪口的敌台与墙体的火力配置方式应与王瓜谷口类似，采用空心敌台和附墙台间隔分布的模式，利用山梁的地利迫使敌人无法接近。

"化木梁口"共有13座敌台，编号自54～66号。其结构类型较丰富，除附墙台外，共包含四种结构类型："中室—木顶—纵拱"型，为59号；"中室—木顶—侧室"型，为55号、60号、61号、64号；"中室—木顶—副拱回廊"型1座，为65号；"中室—木顶—副拱侧廊"型1座，为66号。附墙台和空心敌台间隔分布。"化木梁"段落总体呈东西走向，与"黑豆峪"段落一样，设置于山梁之上，平行于山谷布局。正城位于59～60号敌台间，从该位置向两侧延展，东侧长城依次为4-2型、附墙台、2座类型不明的空心敌台、6-2型、附墙台；西侧长城依次为2座6-2型、2座附墙台、6-2型、6-3型、4-3型。66号敌台分布于化木梁口与于家冲口之间，功能为烽燧墩。"化木梁"的火力配置集中、强劲且较为均质。这是由于北侧"于家沟"作为可"通众骑"的"内险外平""极冲"之处，并非只有正城位置可以作为攻击点。但其防守效果得到了历史的考验，致使其南侧的"青龙桥西口"失去了原有的作用。

"于家冲"段落共有9座敌台，编号自67～75号。除附墙台外，其结构类型共包含三种空心敌台："中室—木顶—侧室"型4座，为69号、71号、73号、74号；"中室—木顶—副拱回廊"型2座，为72号、75号；"中室—木顶—主拱前后廊"型1座，为69号。"于家冲"段总体呈东西走向，正城位于70号敌台，从该位置向两侧延展，东山长城依次为3-3型、6-2型、1座类型不明；西山长城依次为6-2型、2座5-2型、6-X型。"于家冲"段除正城周边敌台较密外，其余敌台间距大；西山火力稍强于东山，同样是由于地形和军事情态决定的，即该口属于"冲"的级别。

"花家窑"段共有11座敌台，编号自76～86号。除附墙台外其结构类型，共包含三种空心敌台："中室—木顶—纵拱"型4座，为76号、77号、79号、82号，是该型最集中分布的区段；"中室—木顶—侧室"型2座，为80号、86号；"中室—木顶—副拱回廊"型1座，为83号。"花家窑"段总体呈东西走向，正城位于81～83号敌台间，从该位置向两侧延展，东山长城依次为6-2型、4-1型、附墙台、2座4-1型；西山长城依次为5-2型、2座类型不明的空心敌台、5-2型。"花家窑"段与"于家冲"段一样，除正城周边敌台较密外，其余部位敌台间距大，由于地形和军事重要程度，东、西两山火力均不密集。4-1 型的 76 号、77 号、79 号 3 座敌台均坐落于"青水顶"主峰附近，是"烽燧墩"的可能性大。

"石峡峪口"在主线中仅 3 座敌台，编号自 87～89 号。其结构类型包括：附墙台 1 座，为 88 号；"中室—木顶—副拱回廊"型 1 座，为 87 号；"券廊"型 1 座，为 89 号。"石峡峪关"总体呈东西走向，有峭壁的天险。"正城"位于 88～89 号敌台间的深谷中，两侧敌楼与谷口落差大。东山长城依次为附墙台、6-2 型；西山长城为 4-1 型。依据敌台数量与布局分析，其数量、火力和其地形地势及军事情况不符。推测北侧应有成体系的构筑。

"糜子峪口"共有 13 座敌台，编号自 90～102 号。除附墙台外，结构类型共包含三种空心敌台："中室—木顶—纵拱"型 1 座，为 92 号；"中室—木顶—侧室型"1 座，为 100 号；"中室—木顶—主拱前后廊"型 1 座，为 90 号。"糜子峪口"段总体呈东西继而南北走向，正城位于 95～96 号敌台间，该处为深谷地貌，而段落总体呈南北走向分布于山梁之上，与"化木梁"的情形类型。由于 6 座敌台的类型不明，其具体火力分布规模不能直观反映，但通过与化木梁口的类比分析，其敌台外观类型应密集而均质，故此采用 4 型或 5 型敌台的可能性大。

"软枣顶口"共有 5 座敌台，编号为 103～107 号。其结构类型共包含三种空心敌台："中室—木顶—纵拱"型 1 座，为 107 号；"中室—木顶—侧室"型 2 座，为 104 号、105 号；"中室—木顶—副拱回廊"型 1 座，为 103 号。"软枣顶"段总体呈南北走向，正城位于 105～106 号敌台间，该处为山谷地貌。从该位置向两侧延展，北山长城依次为 2 座 4-2 型、6-3 型；南山长城依次为类型不明、4-1 型。火力与防务方面，"软枣顶口"正城由北侧的 104 号、105 号敌台守护，推测历史上北方部落较难在这种地形组织骑兵冲锋，故而火力不密集。

敌台类型分布可以从侧面验证隘口范围假说的合理性。

通过对延庆砖石长城各隘口敌台组合，特别是空心敌台结构类型与外观类型组合的描述与分析，可以明确空心敌台分布的特点（图表 5-25），由此可以分析其设置的一些原则。具体位置空心敌台的类型选择，主要是受到地形地貌的影响，而地形地貌则与军事缓急程度密切相关。与延庆砖石长城走向密切相关的地形地貌可以概括为四种：山谷、山坡、山梁和山峰。结合山地交通线的通常情况，道路或于山谷处穿过山脉和长城，或于山梁一侧平行于长城延伸，只有区域的主峰与交通线的关系不密切。

道路交通条件下的地形地貌是敌台类型最重要的影响因素。山谷与隘口正城相关联，通常设置附墙台，便于布置与调换武器、兵种、人员等。延庆砖石长城各隘口中，具有山谷交通线的包括"石佛寺口""青龙桥东口""八达岭口""于家冲""花家窑"和"石

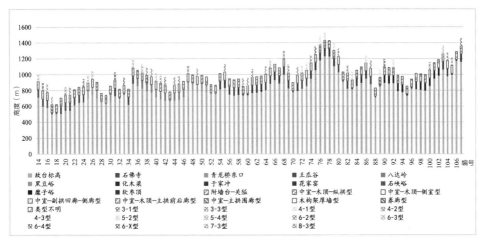

图表5-25 延庆砖石长城隘口范围、敌台结构、外观类型综合分布图

峡峪口"。以上隘口正城都设有附墙台。诚然在这种情况下，附墙台的称呼似乎不确切，"关城"或"隘口正城"才是其正确的称谓。"糜子峪口"和"软枣顶"的正城，只有通过爬坡的方式才能抵达，所以其正城具备海拔优势而未设置"附墙台"。山谷两侧的山坡是设置护卫正城的敌台的最佳位置，通常集中设置有1～3座空心敌台。这些敌台的类型组合并未形成特定模式，但敌台组合无论从结构类型还是外观类型，都体现出最大限度的多样性。这种多样性是因地制宜和充分发挥材料、技术可能性的结果。而对于高度有限的山梁，例如"化木梁"和"糜子峪口"，其外侧的道路顺长城走向，其范围内"正城"的军事地位并非十分凸显，在其较长的防守范围内，各间墙都被推至防守的最前沿。在这种情况下，设置密集而面阔宽的敌台，特别是5型、6型的敌台而实现分守，是其战略的体现。而对于主峰之上的空心敌台，由于距离道路较远，故采用结构形式简单的4-1型。以上主要总结了地形对于敌台类型的影响，同时，空心敌台的间距也是影响敌台类型的因素之一。其主要表现在间距越远，两侧的空心敌台面阔越大，即采用体量弥补距离。

第六章　延庆明代砖石长城空心敌台的营造信息

隆万时期的空心敌台营造促进了"砖"这一人工材料在中国建筑史上的高速发展，促进了明代及后世砖石建筑的全面普及。砖是较早被掌握的人造建筑材料之一，最早出现于战国时代。宋代《营造法式》中专门列出了砖作、瓦作、窑作的制度，并详细规定了砖瓦等建筑构件的使用规定和制作方式。宋代的《天工开物》中也有烧窑制瓦、砖和石灰的记录。明初的城砖需自江南各地征收，供南京、北京中的宫殿、坛庙等大型工程建设。嘉靖朝初年，城砖的主要产地已转移到东昌府临清州一带（今山东省临清市），明廷的管理也形成规范，制砖业形成了较大规模，制砖技术水平已经有了长足进步，为长城建设做好了材料方面的技术准备。明代长城的用砖主要采取就地烧造的供给方式。据《西关志》记载，居庸关周边设置砖瓦窑和灰窑各一所，派遣军士制造砖瓦和白灰，供城防修葺之用，而各处隘口也均建有砖瓦窑。

结构技术方面，先后出现的并列拱和纵联拱的"筒拱技术"在西汉中叶开始盛行。元末明初在地面建筑上开始普遍采用。明代出现了全部用砖和拱券的无梁殿。筒拱称竖砖砌筑部分为"券"，清工部《工程做法》中称卧砌部分为"伏"。明代开始将"券伏相间"的砌法作为通用的构造方式。多层券伏叠砌提高了拱券结构的整体受力，在空心敌台中有集中的表现。

长城墙体的结构与构造是最早被人类掌握的构筑结构及工艺之一。宋、元之际开始对夯土城墙采用砖石包砌，复合墙体在明代成为惯例。延庆明代砖石长城间墙多采用三合土和毛石填芯，外包条石和青砖。

一、延庆明代砖石长城空心敌台与间墙的营造概况

1. 延庆明代砖石长城的材料

延庆明代砖石长城表现出有效利用材料和就地取材的特点。材料制作与加工的种类、

生产规模以及标准化程度方面，在明代有了很大发展。这为大规模建设空心敌台和间墙提供了基础。天然材料包括石、土和木材，人工材料主要为青砖、瓦和灰浆，它们共同构成了如今人们心目中长城的固有形象。

根据加工方式与精细化程度，花岗石和青白石的石材被加工为条石、块石和毛石，种类包括门槛石、栓眼石、角柱石、压面石、券石、挑头沟嘴石、石过梁、中室梁脚下的垫石、雉堞的垛间石和射孔石。青砖包括城砖、方砖、垛顶砖、垛边砖、垛顶边砖、垛间砖、射孔砖。以上建筑材料为砖石长城现场的快速营造提供了强大支撑。延庆明代砖石长城的石灰浆纯度高，几乎不掺杂黄泥或沙。瓦件主要分为板瓦和筒瓦，主要用于楼橹屋顶。木构件主要包括梁、檩和楼板、楼梯等。砌体内芯主要填充毛石与三合土。

大量且规整的条石与砖的出现以隆庆朝为肇始，是砌体断代的重要依据。青白石块石或平毛石砂岩的使用时代应更早。长城附近山体主要为花岗石，从而促进了明代石材开采与加工技术的发展，也影响了清代的用料选择。

豆渣石（花岗石）的条石和青白石块石作为主要包砌基础，其高度和厚度较统一，长度较为多样。花岗岩条石通常高 30~50cm，厚 30~45cm，长 60~90cm，也有长 1~2m 甚至 2m 以上的情况。花岗岩毛石应为开采与加工条石的副产品。延庆明代砖石长城一线还存在一定量的"虎皮石"和红色砂岩，分布于"化木梁"段以东，应为早期建设的边墙。

砖的尺寸也并不统一。城砖尺寸多为 38cm×18cm×9cm，方砖长多为 38cm 见方，厚 9cm。由于批次原因，材料尺寸有细微的差别。成书于明万历四十三年（1615 年）的《工部厂库须知》中说，"城砖原无会估"，说明在明初和中期，各地、各窑制砖的尺寸没有严格的规定。

材料按类型加工的做法很好地解决了"标准化建造"的效率问题。空心敌台、附墙台及间墙的营造现场，在边匠的带领下，大量军士对分类的材料进行快速"装配"。青砖仅在三种情况下需要现场加工。第一是砌筑墙体调整长短时的"砍砖"，这是所有砖石砌体必不可少的操作；第二是在砖券顶部的"镐楔"砖加工；第三是为适应射孔大小进行的雕刻与砍磨。这三种加工也存在相应的标准与技术，保证快速施工和结构安全。

2. 延庆砖石长城砌体的结构与收分

隆万已降的空心敌台、附墙台和间墙均采用外甃砖石，内填三合土与毛石的复合墙体。据万历三十七年《修曹家路黑谷关将军台寨石堡城刻石》记载，"俱用灰泥砌石填心，纯灰砌垒边，石灰浆灌口，方条砖墁顶"。墙芯是主要的承重结构，包甃砖石起维

图6-1 墙芯水平分层叠砌状况（左图：延庆70号敌台。右图：延庆58号敌台）

护和一定制约作用，两者的机械运动相对独立。无论采用砖、块石和三合土，墙体和墙芯的营造强调分层水平叠砌（图6-1），这能有效约束复合构筑体水平方向的运动，从而保证墙体特别是墙芯的稳定。构造与工艺上，先砌筑与固定外包条石，然后营造填芯。墙芯高度受到两侧外包石材高度制约，内外高度大体一致。

墙体收分主要由外包砌体决定。明代边墙与空心敌台的分级和尺寸的历史记录散见于河北、北京的各城工碑中（表6-1）。

"城工碑"历史记录一览表[1]　　　　　表6-1

序号	构筑	等级	碑名与地点	年代	尺寸记录	水平夹角
1	石边墙	未述及	《嘉靖一十四年城工碑》，河北省邯郸市武安县	嘉靖一十四年（1545年）	修砌石墙……遵照原行，墙台高六尺，根阔一丈，收顶七尺，女墙垛口高五尺，共高一丈一尺	76.0°
2	边墙	一等	《修建马兰路鲇鱼石正关边墙碑》，河北省遵化市	万历十三年（1585年）	□阔四丈，收顶三丈，高连垛口三丈六尺	80.8°
3	边墙	一等	《擦崖子万历十八年春防城工碑》，河北省迁西县	万历十八年（1590年）	底阔一丈六尺，收顶一丈三尺，高连垛口二丈五尺	85.7°
4	边墙	二等	《西水峪修城记刻石》，北京市怀柔区	万历三十三年（1605年）	底阔一丈六尺，收顶一丈二尺，高连垛口二丈	82.4°
5	边墙	二等	《大榛峪西大楼修城记刻石》，北京市怀柔区	万历四十二年（1614年）	底阔一丈六尺，收顶一丈二尺，高连垛口二丈，遵照原型如式修筑	82.4°
6	边墙	二等	《大榛峪修城记刻石》，北京市怀柔区	万历四十二年（1614年）	底阔一丈六尺，收顶一丈二尺，高连垛口二丈	82.4°

---

[1] 根据河北省文物局长城资源调查队《河北省明代长城碑刻辑录》和王岩《长城艺文录》制作。水平夹角的计算以墩台平面为正方形计算。

续表

序号	构筑	等级	碑名与地点	年代	尺寸记录	水平夹角
7	边墙	二等	《大榛峪西大楼北侧修城记刻石》，北京市怀柔区	万历四十三年（1615年）	底阔一丈六尺，收顶一丈二尺，高连垛口二丈	82.4°
8	边墙	三等	《修石塘路大水峪五座楼敌台刻石》，北京市密云区	万历四十三年（1615年）	底阔一□尺，收顶一丈，高连垛口一丈五尺	84.3°
9	边墙	三等	《香屯分修长城题名刻石》，北京市延庆区	天启三年（1623年）	底阔一丈四尺，收顶一丈四尺，垛口一丈五尺	90°
10	土边墙	未述及	《长城君子边修筑碑》，河北省崇礼县馆藏	万历四十一年（1613年）	底阔一丈六尺，顶阔八尺，平一丈七尺，上加鱼脊三尺，通高二丈	76.8°
11	土边墙	未述及	《万历四十二年长城修筑碑》，河北省崇礼县馆藏	万历四十二年（1614年）	底阔一丈二尺，顶阔七尺，平高一丈七□，□脊三尺，通高二丈	81.6°
12	空心敌台	未述及	《修石塘路大水峪五座楼敌台刻石》，北京市密云区	万历四十三年（1615年）	每座底阔周围一十二丈，收顶一十一丈，高连垛口三丈五尺	87.6°
13	空心敌台	一等	《天津春防碑记》碑，河北省遵化市	万历四十四年（1616年）	周围二十四丈，收顶一十五丈五尺，高连垛口四丈五尺	75.1°
14	空心敌台	二等			底阔各周围十四丈，收顶一十三丈，高连垛口三丈五尺	87.6°
15	空心敌台	三等			底阔各周围十二丈，收顶一十一丈二尺，高连垛口三丈五尺	88.1°
16	空心敌台	三等	《修泉水山敌台记刻石》，北京市平谷区	万历四十七年（1619年）	周围□□二丈，收顶□□□丈二尺，高连垛口三丈□尺	88.1°
17	空心敌台	三等	《修大水峪敌台刻石》，北京市密云区	万历四十八年（1620年）	底阔周围十二丈，收顶一十一丈二尺，高连垛口三丈五尺	88.1°
18	空心砖烽燧墩	未述及	《修莺嘴头烽墩记刻石》，北京市平谷区	万历四十七年（1619年）	底阔周围一十二丈，收顶一十一丈二尺，高连垛口三丈五尺	88.1°
19	南门楼	未述及	《修遥桥峪城堡完工刻石》，北京市密云区	万历二十七年（1599年）	底阔周围一十三丈六尺，顶阔一十二丈，高连垛口三丈	85.4°
20	堡城墙	一等	《擦崖子万历三十七年春防城工碑》，河北省迁西县	万历三十七年（1609年）	底阔一丈五尺，收顶一丈三尺，高连垛口二丈五尺	87.1°
21	堡城墙	未述及	《修曹家路黑谷关将军台寨石堡城刻石》，北京市密云区	万历三十七年（1609年）	底阔一丈四尺，收顶一丈，高连垛口二丈三尺	83.7°
22	堡城墙	三等	《修石塘路东水谷城堡刻石》，北京市密云区	万历四十四年（1616年）	底阔一丈一尺，收顶八尺，高连垛口二丈	84.3°
23	堡城墙	未述及	《修曹家路黑谷关新城庄堡城刻石》，北京市密云区	万历四十五年（1617年）	底阔一丈二尺，收顶八尺，高连垛口二丈	82.4°

表 6-1 列出了北京与河北发现的城工碑中所记录的构筑类型、级别与尺度，并以此为依据推算出相应的砌体水平夹角。嘉靖朝的石边墙多为毛料石和平毛石构成，其高度、底边和顶边尺寸都较小，水平夹角为 76.0°。全面采用条石复合墙体的万历朝，水平夹角逐渐加大，墙体逐渐竖直。这一时期为提升军事防务、经济核算与管理，开始对边墙、敌台实施三级划分制度，如《天津春防碑记》所提及的一、二、三等敌台的规定中呈现两种规律：墩台等级越高、体量越大，水平夹角越小、收分越缓；较同等级、同材质的墩台与间墙，后期建设的较早期的体量大、水平夹角大、收分陡，如戚继光设计的空心敌台原型的数据，仅接近碑刻记录万历朝的二等、三等空心敌台体量与夹角。

延庆砖石长城各结构类型代表性敌台的水平夹角统计见表 6-2。其中附墙台的水平夹角度数较为类似，说明这类构筑的材料、构造、工艺方面都有形制可循。所统计的空心敌台水平夹角多数在 87°～88° 之间，与设计原型一致。某类敌台展现出相近的水平夹角，如"中室—木顶—双纵拱"型，但其他类型也表现出较大差异。为了解释这一现象，首先考察敌台体量，其次考虑建设时期的影响。

各结构类型空心敌台及倾角情况统计一览表　　　表 6-2

序号	结构类型	数量（座）	代表性敌台编号	台基（横向）水平夹角	台身（纵向）水平夹角
1	木构架厚砖墙型	3	40	87°	87°
2	券廊型	1	89	85.4°	85.9°
3	中室—木顶—单纵拱型	5	76、107	87°、79.9°	87°、82.0°
4	中室—木顶—双纵拱型	2	59、82	87.2°、87.5°	87.2°、87.5°
5	中室—木顶—外侧室型	14	39、47、64、73	83.2°、87°、86.8°、87.5°	83.2°、87°、86.8°、87.5°
6	中室—木顶—内外侧室型	3	86	87.5°	87.5°
7	中室—木顶—副拱侧廊型	1	66	87.4°	87.4°
8	中室—木顶—副拱回廊型	16	14、16、26、37、72、103	89.1°、87.4°、87°、84.7°、81.3°、87.5°	89.1°、88.3°、87°、84.7°、81.3°、87.5°
9	中室—拱顶—副拱回廊型	1	83	87.5°	87.5°
10	中室—木顶—主拱前后廊型	4	42、69	84.4°、88.9°	84.4°、88.9°
11	中室—木顶—主拱围廊型	1	17	87.7°	88.4°
12	中室—拱顶—主拱围廊型	1	38	87°	85.6°
13	附墙台	26	18、28、36、46、54、70、78、94	88.0°、87.2°、87°、87°、87°、87°、87°、87°	

依照表6-2，可以初步判断延庆砖石长城敌台的建设时期。在同体量、同类型的情况下，例如"中室—木顶—单纵拱"型的107号建造早于76号，"中室—木顶—外侧室"型的39号早于47号、64号与73号敌台。

3. 延庆砖石长城砌体结构的筒拱

筒拱结构研究以深化空心敌台的认知，以及分析其结构缺陷，让保护修缮有理可依。筒拱承重砌体和箭窗外围墙体构成了台身，这两部分在一些敌台有砌体拉结，一些敌台依靠灰浆和碎砖黏合。空心敌台筒拱的体量类似，跨度为0.76～1.45m，集中于0.8～1.2m，统计见图表6-1。筒拱的构造皆为纵联式，包括二券二伏，如92号敌台，一券一伏，如100号、107号敌台以及如85号敌台一券二伏的情况。主拱券脸多为二券二伏，兼有一券一伏，如71号、72号敌台。副拱的结构和券脸主要为一券一伏。

由于筒拱自中室向四周放射，空心敌台筒拱的关系可以分为平行并置、垂直并置与垂直承托三种。平行并置是两个相同的筒拱同向布置（图6-2）。垂直并置是相邻的檐面和山面筒拱构成垂直布置，根据构造关系可以分为三种方式，第一种为两筒拱的支撑墩和拱券构造彼此独立（图6-3），主要用在空间充裕的空心敌台中。第二种则压缩两筒拱的距离，采用共用转角墩体，为筒拱提供完整支撑（图6-4）。第三种将两筒拱的距离压缩到极致，自转角墩体同时建造两座筒拱，券脸相抵。

垂直承托分为两种情况，第一种为垂直并置的关系类型，利用筒拱的高差形成

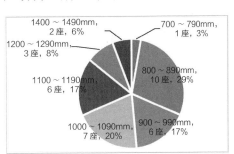

图表6-1 高完整度空心敌台筒拱跨度"尺度、数量、占比"统计

图6-2 92号敌台的并置和转向筒拱

图6-3 76号敌台的转向筒拱

图 6-4　86 号敌台的转向筒拱 1

图 6-5　86 号敌台的转向筒拱 2

图 6-6　73 号中室转角保存较好的山面拱和局部坍塌的檐面筒拱

上下承托关系（图 6-5），这种情况在整个延庆砖石长城段落中比较罕见，较好地解决筒拱完整性的问题，但却损失了墩体的体量和安全。第二种为常见的主拱与副拱的关系。

根据筒拱的位置关系，可以推测延庆明代砖石长城中室型空心敌台的砌筑过程。筒拱以相对的部分由两山开始建造，进而建造其他部分，形成"回"字形构筑。73 号敌台可以说明这个过程，转角部位可以观察到檐面筒拱拱脚"贴靠"于完整山面筒拱上（图 6-6），也有先营建前后檐，再营建两山的情况，如 79 号、85 号。这种先后营造的方式解决了筒拱的位置和结构矛盾，保证了筒拱的最大完整化，但却造成了后建筒拱的不完整，暴露了早期空心敌台结构节点的设计缺陷。

台顶地面垫层体现了实用与就地取材原则。垫层形式分为毛石三合土填充、青砖糙砌或混合形式。每层厚度不平均，各层也不水平，多呈现中间低、两侧高的状态，如 100 号敌台。青砖垫层往往以整砖填充筒拱间空隙，碎砖填充上部，如 92 号敌台。也有全部采用青砖砌筑到顶的案例，如 90 号敌台。这种差异也是敌台结构类型不同所造成的。

台顶的做法以三层青砖铺砌为主的情况，符合明代城堡的历史记录。据万历四十八年（1620 年）《重新曹家路吉家营东门城楼刻石》记载，"东门坍塌重楼一座，城顶□□拆墁四十七丈，但俱照原议修筑，方条砖墁顶，三层，灰浆灌□"。

无论是材料的类型、加工方式，还是结构与构造的发展，都展现了延庆明代砖石长城营造明显的营造规律和丰富的工艺现象。其中反映出来的强调实用与坚固、突出营造的效率与优势，使军事工程类构筑与官式及民间建筑既互相区分又彼此联系。

二、延庆砖石长城本书研究段营造信息获取与解读

1. 研究段的对象及概况

营造信息专题研究，深化与丰富空心敌台认知的同时，更是深入挖掘价值的途径。作为典型前工业时代的构造物，传统营造制度使每座敌台都具备形制之外的个性。因此，解读的对象既包括受设计规范支配的理想"形制"，也包括无视规范的变体和超越规范的情况，从而引发了造成这些现象的"故意"或"无心"原因的探究，定性与定量分析敌台劣化与营造缺陷也在这种认知之中。营造信息包括三方面：建筑的精细几何学测绘、材料加工和营造技术、建筑考古和营造物的历史解读。几何学测绘发挥着基础性作用（图表6-2）。

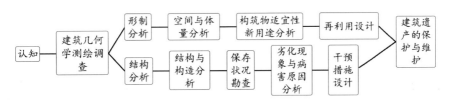

图表 6-2　建筑几何学测绘调查在遗产保护过程中的位置与作用

本书研究段选取延庆区 104 号（国家编号：110229352101170104）、105 号（国家编号：110229352101170105）空心敌台及间墙作为对象（图 6-7，图表 6-3）。104 号敌台地理坐标为 115°56E，40°17′N，海拔 968.61m；105 号敌台为 115°56′E，40°16′N，海拔 984.76m，整体南北走向（图 6-8，图表 6-4）。这两座空心敌台及其间墙构成了研究延庆砖石长城营造信息的一个理想片段，集合了隘口敌台的全部要素：处于峰谷地貌，临近隘口正城。本书研究段长城位于"昌镇横岭路白羊口下软枣顶"下，隘口正城位于 105 号敌台南 66.5m 处；向北为"昌镇居庸路石峡下糜子峪口"，向南则为"昌镇横岭路白羊口下牛腊沟"，属两路交接部位。

图6-7 本书研究段长城位置、分布及可达线路总平面图

本书研究段线路1~9视图实景　　图表6-3

视点1	视点2	视点3
视点4	视点5	视点6
视点7	视点8	视点9

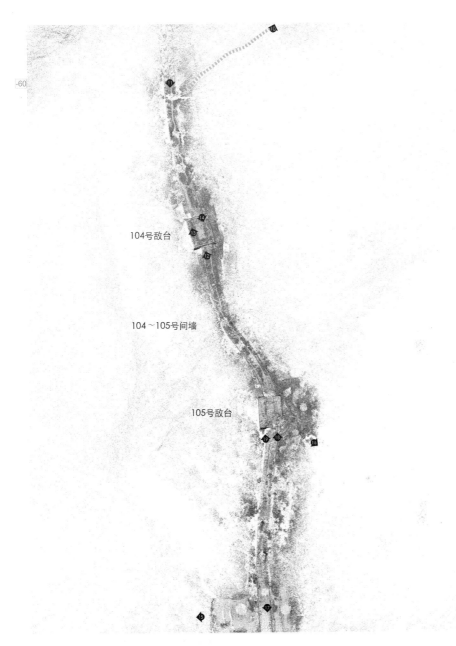

图6-8 本书研究段总平面图与视点位置示意图

本书研究段 10～19 号敌台视点实景　　图表 6-4

视点 10　　视点 11

视点 12　　视点 14

视点 13

视点 15 "软枣顶"正城

视点 16

视点 18

视点 17

视点 19

本书研究段的选择原因有三。第一，调研时该段未经大规模干预，营造信息真实、完整、丰富。第二，该段落整体长度较适宜，能够采用测绘仪器实施有效率的精细测绘。第三，其可达性好，便于测绘设备和仪器的运输。同时，这两座空心敌台和间墙都存在不同程度的劣化现象，坍塌部位有利于观察遗存的内部构造。其劣化现象与特征也具备相当的代表性，无论是研究与技术方法论，还是研究的成果，都可以为本地区或相关地区长城研究提供思路与支撑。

这两座空心敌台的外观类型均是"4-2型"，结构类型为"中室—木顶—外侧室"型，为早期构筑。104 号空心敌台台基、台身保存相对较好，台顶垛口有部分留存。105 号空心敌台台基完整，台身东南角坍塌，台顶雉堞坍塌，顶部地面铺砌无存，现场有碎瓦，局部生有灌木。两座空心敌台的中室地面被坍塌物掩埋，原楼板以上矮墙均有木柱位置痕迹。间墙条石包砌，整体稳定，两侧的雉堞与女墙无存，顶面局部保存有呈散落状分布的方砖。

2. 数据获取的目的与方法

本书研究的长城段落的构筑物与自然环境仍具有相当的复杂性，传统测绘方式难以获取需要的数据。数据获取方式采用了三维激光扫描、摄影测量和手工测绘相交互的方式，以满足不同研究层次的需要。仪器设备和数字技术的发展促进了文化遗产调查的方法，使曾经无法想象的勘测成为可能，在短时间内可以高效获得关于建筑遗产的"无限"信息。

采用三维激光扫描仪工作方法实质上与传统方法相去甚远，甚至相反。传统调查方法的现场调查，通常对整体信息进行离散化处理，在现场形成有代表性的平、立、剖图形等有限信息。三维扫描工具的方法正好相反，现场调查阶段非常迅速地采集整体信息，在实验室的内业工作"重建"建筑遗产后，对数据进行"后处理"。所有这些都导致了对实地操作的不同安排，使研究人员有更多时间进行除几何数据外其他信息的收集。

本书研究段测绘采用 Riegl VZ-400i 激光扫描仪作为扫描工具（图 6-9），获取形制和形变两个层面的三维尺度与信息。

图 6-9　Riegl VZ-400i 三维激光扫描仪及现场数据获取过程

扫描站点设置包括敌台与间墙的周边、内部和顶部。这种数据最常见的展现方式是"点云"，完整地表达了测量对象的几何信息（图 6-10）。经过处理与加工的点云可以转化为三维模型与二维图像（图 6-11）。这些成果可以与建筑设计矢量化软件，如 AutoCAD 相结合，根据不同的研究目标指向，生成相应的图纸（图 6-12）。

图 6-10　104 号、105 号空心敌台三维激光扫描点云鸟瞰图

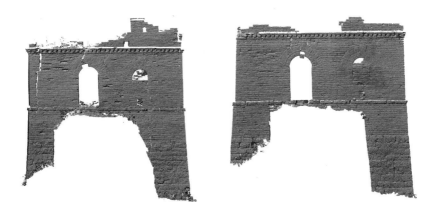

图 6-11　104 号、105 号空心敌台北立面三维激光扫描实体模型

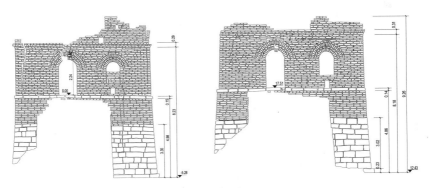

图 6-12　104 号、105 号空心敌台北立面 CAD 实录图

图 6-13　105 号敌台摄影测量靶点布置及拟合状况

摄影测量的成果提供了表面材料与构造方式直观的、具备色彩与质感的外部数据。平面摄影测量适用于同化为平面的对象，每次只针对三维物体的某个投影面进行数据采集。这种方式即使在三维摄影测量变得日益便捷的条件下，由于对拍摄数量的要求低，依然保留着其优势。

平面摄影测量需要在测绘前在对象上添加标靶，并为测绘提供参照（图 6-13）。三维激光扫描成果为摄影测量和传统测绘提供研究对象体量与空间的信息；摄影测量为三维激光扫描模型提供在材料种类、色彩、质感等方面的优化。传统手工测绘提供需要分析思考的结构构造关系、细小尺寸和残损情况。总之，交互的工作方法最终才能保证数字化技术及其成果的还原与重建。

三、延庆砖石长城研究段空心敌台营造信息的分析

对研究对象材料与营造特征的研究与勘察不同于前文的整体性、总结性的研究，这一部分工作几乎完全依赖于现场的直接勘察和记录。这么做，除了因为每个历史构筑物都不相同之外，更重要的是需要上溯历史中有意识地作为设计和营造权衡的动机。这种上溯或还原工作本身带有主观性与局限性，其结论与勘察人员的经验与能力密切相关。这个过程也是"无尽"的，无论采用何种技术、组合何种水平的专业人员，也无法一次性地，甚至永远不可能彻底地理解一座历史构筑物。这既是专业本身固有的遗憾，也是

营造信息研究魅力所在，即现场勘察永远可以发现新的、前所未知的信息与价值。因此，"保护"不仅意味着要保护那些指导我们今天认知的元素和标记的永久性，而且还要保护所有至今无法解读但终有一天可能被解释的元素和标记，完整地留下未来的分析与研究的可能。

在文化的保护中，对任何构件或整个构筑物的不可替代的独特性要求，实际上是以其特点与个性的名义进行的，因为物质文化的价值，不仅仅是它作为历史的见证，更是因为它在未来可以用新的标准和不同的方法进行研究，从而获得新的认知与价值。由此，材料和营造不仅仅是建筑或艺术史上价值的承载者，也是普世价值的承载者，因为其与历史的其他层面直接或者间接地产生关联。因此可以说，材料代表了创作过程中的物质元素，其中包含艺术家的天才、时代的文化和知识，以及随着时间的推移，其内部和周围发生的历史事件，在其上烙下了不可磨灭的痕迹，尽管有时难以识别或已然泯灭。

明长城的构筑物集中体现了这种宏大的历史叙事，对石材、青砖和灰浆的研究，不只能分析各个组成部分材料的物理构成，而且可以追溯到材料来源和地区，调查不同地理区域之间的经济和社会关系，从而厘清不同建筑文化之间的关系。同时，更可以了解到特定建设者的集中情况，其"春秋两防"军士的调动情况，见证了各种地区关系、交流和联系，它代表着该特定地区和特定时间的建筑历史，而这种方式在今天是无法被预见的。

1. 研究段空心敌台及间墙的现状、测绘与数据还原

对现场的图像记录同样重要，能够有效对应专业图纸和空间意象。

104号敌台位于山脊，台基下部采用条石包砌，上部采用青砖。台身全部采用青砖砌筑，从局部坍塌部位观察，内部填充为青砖与三合土。这说明隆庆朝的青砖生产技术与产量已经达到一定水平。其外侧室顶部均已坍塌，一侧室的内墙有残留的黄泥抹面，推测为主要的使用空间。中室内侧顶部有梁窝痕迹，说明顶部为密梁木顶，柱窝则确定该敌台曾存在楼橹（图表6-5）。

本书的现状数据还原以图纸的方式呈现。以 AutoCAD 作为平台，整合了三维激光扫描和摄影测量的成果，以精确的尺寸重建了研究对象的形制、色彩、材料、结构和残损等多方面信息（图6-14～图6-19）。

延庆 104 号敌台各视点摄影记录档案一览

图表 6-5

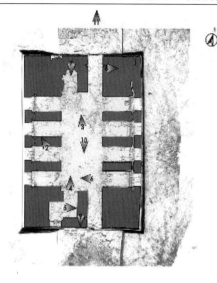

104 号空心敌台各视点位置示意图

视点 1　敌台南立面及间墙现状

视点 2　敌台顶部中室东南角及状况

视点 3　中室由北向南状况

视点 4　侧室墙壁抹灰

视点 5　侧室拱券损毁

视点 9　台顶及垛口北侧状况

续表

视点6　中室东壁顶部的梁窝痕迹

视点8　北侧顶部局部坍塌状况

视点10　中室由南向北状况

视点7　垛口射孔细部

视点11　敌台北立面及间墙坍塌的登城小门状况

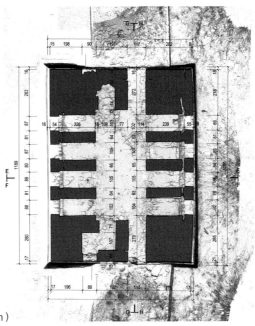

图6-14　延庆104号空心敌台平面图（单位：cm）

图 6-15 104 号空心敌台北立面、南立面、东立面正射影像图

图 6-16 104 号空心敌台 F-F、H-H 剖面图（单位：cm）

104 号敌台基址位于坡地之上，长城内外高差为 0.97m，其基础为平台或阶梯形尚不可知。外侧（西侧）台基显示有土衬石，金边约 0.15m，内侧基础土掩。台基内侧底边阔 12.41m，进深 9.41m；台基底周为 43.64m，合 13.64 丈，实际尺寸应略大。台顶（不含挑檐）阔 11.48m，进深 8.77m，周长 40.50m，顶收合 12.66 丈。外侧含垛口高度 10.17m，合 3.13 丈，其中垛口高 1.65m，合 5.2 尺；内侧含垛口高度为 8.98m，合 2.80 丈，其中垛口高 1.44m，合 4.5 尺。其"底阔十四丈，顶收十三丈"的尺寸等同万历朝二等空心敌台的尺寸，雉堞符合"垛高五尺"的规定。而高度较规定尺寸小，原因是中室为不起拱的木顶，而万历朝蓟、昌、真保镇多采用筒拱则整体较高。台基与台身的收分角度不同，前后檐与山面也不同。前后檐台基收分为 86.15°，台身 89.25°；两山侧的收分，台基侧脚为 86.50°，台身侧脚 87.35°。侧脚大小与水平长度成反比，即砌筑长度越长，在高度一定的情况下，侧脚越小，因此两山的侧脚明显大于前后檐。材料方面，石材砌筑体比砖砌体的侧脚小，即砖砌体更接近垂直。

105 号敌台位于山丘之顶，为该区域的制高点，其形制、材料、做法、风格特征与 104 号敌台一致。台基同样采用下部条石、上部青砖的包砌。台身全部为青砖砌筑，东南角墩墙和相邻的筒拱坍塌。两侧的外侧室顶部坍塌，内部空间严重掩埋。中室内侧顶部有梁窝痕迹。以台顶发现的青瓦推测，存在楼橹但其形制不确定（图表 6-6）。

延庆105号敌台各视点摄影记录档案一览　　图表6-6

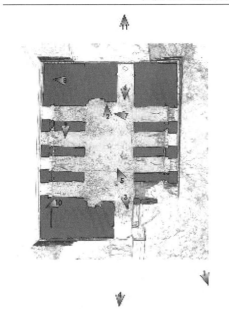

105号空心敌台各视点位置示意图

视点2　中室由北向南视图

视点3　中室由南向北视图

视点1　东南方向看105号空心敌台状况

视点4　南侧及墙体状况

视点5　从中室看局部坍塌的拱券

视点9　西侧顶部状况

视点6 北侧门券顶部状况

视点7 东侧被封堵的箭窗细部

视点10 中室东壁及拱券状况

视点8 门券顶部状况

视点11 北立面及连接墙体状况

  虽然延庆104号、105号敌台的空间、结构和构件并不十分复杂，但由于其有限的现场空间、气候环境、隐蔽部位等不利因素，为仪器测量调查带来了相当的难度，好在精细测量调查仍然获得了海量的数据，包括三维激光扫描点云模型、摄影测量的照片、模型，以及在此基础上进行数据处理后的三角网模型、实体模型等。基于多种勘察手段所生成的图纸，事实上是对于"无限"数据的"有限"选择。

  105号敌台台基长城两侧高差为1.8m，基础水平台或阶梯形。外侧（西侧）台基显示有土衬石，金边约0.2m。内侧基础由于泥土和坍塌物掩埋不可见。台基外侧底边阔12.66m，可见部位进深9.51m，台基底周为44.34m，合13.86丈。台顶（不含挑檐）阔11.66m，进深8.68m，周长为40.68m，合顶收12.71丈。外侧高度（不含雉堞）为8.31m，合2.60丈，内侧高度（不含雉堞）为7.61m，合2.38丈。这一"底阔十四丈，顶收十三丈"的尺寸为万历朝二等空心敌台的尺寸，而高度较规定尺寸小。前后檐台基收分为85.91°，台身88.16°；两山侧台基收分为86.08°，台身88.73°。

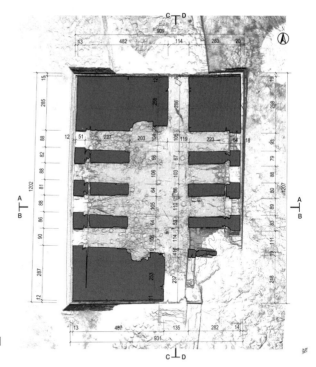

图 6-17　105 号敌台平面图
（单位：cm）

图 6-18　105 号敌台北立面、南立面、东立面图

图 6-19　105 号敌台 B-B、D-D 剖面图（单位：m）

2. 研究段空心敌台及间墙的材料与构造

在研究和理解延庆明代砖石长城的过程中，以严格的历史学工具来重建其历史情况与脉络固然重要，但对于历史文献没有记录或者十分含糊不清的部分，有些对象或内容可能会被这种传统方法所忽视。而历史构筑物中包含了大量的历史信息，可以将其梳理，作为文献的补充，甚至能够改变以往的既有认知。因此，在任何情况下都应强调将现场直接勘察构筑物作为获取其历史信息的主要来源。

本书研究段空心敌台及间墙现状的建筑材料种类十分单调，只包括青砖、石材、青瓦、三合土和灰浆，以及现场无存的木材。按照规格，青砖包括条砖和方砖；石材可分为条石和毛石，材质为花岗石。青砖和条石都是按照一定标准精细加工过的建筑材料，规格十分规整。根据前述历史文献可知，这些材料均来自附近的窑口和采石场，后运至建设地点。但104号、105号敌台的青砖与石材上均无铭文，其生产地区、时代批次、制造者等均有待进一步研究。这些历史性材料都是几个世纪以来逐步选择和试错修正的结果。因此，材料以各种方式标明了制作和加工的痕迹，由此产生的形式和加工痕迹，构成了可以研究的真正线索。

条石均为产自附近山体的花岗石，其尺寸不一，加工并非十分齐整，体现在长度、高度均有变化。每层砌筑的条石高度相近，为25～37cm，但长度的变化范围为40～90cm；作为台基压面的条石，高度17cm，长度变化为40～120cm；进深方向厚度为58～68cm。城砖尺寸为38cm×18cm×9cm，方砖仅在台顶有少量发现，尺寸为37cm×37cm×9cm。城砖有经过现场二次加工的雕刻砖，主要用作射孔；筒拱顶部的券砖两侧经过砍磨呈上宽下窄的状态，称"镐楔"。除了这两种有目的的二次加工外，为了适应现场尺寸进行的砍砖处理将在构造部分讨论。

104号和105号空心敌台的构造方式与特征几乎一致，只有在处理具体细部或者构造节点处才出现差异。这可以解释为同一时代、同一类型、同一区位的空心敌台的营造，具有共同的设计导则。这两座敌台的台基外包材料为下部为条石。104号外侧（西侧）台基共11皮，内侧露出地面8皮。外侧条石呈现出明显的下部高、上部矮的状况：下部5皮高度为32～37cm，上部5皮高度为21～28cm，最上层高度为16cm左右。内侧（东侧）也呈现这种趋势但不明显。自下而上，呈现两皮厚、一皮略薄的特征，最上一皮高度为17cm左右。需要指出的是，以间墙划分敌台台基的内外两侧，其砌筑高度每层都不一致。据此可以得知，其砌筑以间墙划分，内外两侧的外甃条石并不相连，其水平线标准也内外彼此独立，呈现出明显的背里和外皮分步建设，最终整合的"外甃"特点。且在现场砌筑过程中，为解决相邻条石高度不同的问题，个别部位存在二次加工石材作阶梯处理的方式。数量上，以条石厚40cm计算，104号敌台台基包砌需要条石约40m³。

105号空心敌台外侧台基包条石9皮，总体呈现无规则的高矮相间的特点，最上皮高约38cm，甚至在整个包砌石材中最高。敌台外侧包砌石材普遍较高，而内侧露出地面的5皮条石的高度差别不大，可见在包砌的过程中，条石的高度和砌筑位置没有明显的规定。105号敌台台基的内外两侧砌筑高度每层也不一致，不能联通之外，两侧最上皮的水平面也约有8cm的高度差，外高内低，且内侧与砖相接的部位，有一层片石作为找平层使用，为包砖提供稳定的基础面。以条石厚40cm计，105号敌台台基包砌需要条石约35m²。

104号、105号台基的上部包砌材料皆为青砖，其砌筑方式与皮数完全一致，全部采用青砖双皮十字缝的方式包砌，做法规整。这种砌筑方式是将两块青砖当成一个构造单元，类似的砌筑方式在南方城墙中也有呈现。14皮十字缝砌筑满墙不用丁砖，仅在转角部位有"进出"搭接。最上一皮全部为丁头朝迎面，其上为挑出的腰线石。台基构造层可分为表面的包砌层和内部的背里层，内部的"填馅"层，以及与腰线石内侧的两层青砖地面层。这一分层在105号坍塌的东南角处可以直观地观察与测量（图6-20）。面层青砖墙厚18cm，背里青砖墙厚度约60cm，面层与背里之间以石灰浆灌填，厚2cm。台基"填馅"采用花岗岩毛石与三合土，分层砌筑。104号台基包砌面层14皮用砖约1400块，背里用砖约3850块，台基共青砖约5250块。台基地面铺装每层用砖约300块，3层（包括台基顶皮）大约900块。以此推算，104号敌台台基用砖约6150块。

如前所述，箭窗外围墙体采用上窄下宽的收分。箭窗以下墙体厚82cm，为两丁砖或一顺两丁及灰浆厚度；以上厚度约54cm，相当于一顺一丁及灰浆厚度。104号敌台外围墙体大约用砖6000块。带筒拱的内核厚墙结构无明显收分，与台顶地面垫层全部为砖的情况下，用砖约8000块。外围墙体与内核厚墙之间填砌了一层"砖找"，平均宽度约6cm（图6-21）。

由于垛口损毁，无法准确勘察用砖数量，根据其双层十字缝的砌筑方式和高度，与台基外侧包砌用砖数量类比，则大约需要3000块。考虑台顶仍有三层青砖铺墁，因此可以得出结论，104号敌台大体用砖25 000块左右。考虑到内填青砖可以极好地解决运输中破损青砖的问题，以一窑一次烧制500块计算，该敌台需要50窑。

砌体材料中，除了砌块外，黏结材料的选择与使用方式对结构、构造的影响也至关重要，继而对砌体的体量与形式产生了决定性的作用。任何材料在构筑中都无法被简单或单独地使用，它们往往被集合、并置在一起，形成构造单元，使材料之间建立起必然的关系，构成越来越复杂的结构。与大多数的空心敌台及间墙一样，延庆104号、105

图 6-20　延庆 105 号敌台东南角坍塌部位显示的内部构造　　图 6-21　延庆 104 号敌台门廊外皮墙和筒拱体及砖找的处理构造

号敌台在砌筑过程中主要有两类使用石灰浆的方式。第一类为砌筑过程中将其作为砌块间的黏结材料使用。从现存的物质和材料观察，在所有需要砌筑的部位，包括台基、台身、台顶的外甃墙体、筒拱及墙身内部都采用了纯石灰灰浆砌筑，且灰浆的厚度，无论是横缝还是纵缝，都普遍为 2cm 左右。这种方式无论在材料的种类上，还是在使用方式上，均与民间的墙体砌筑完全不同，但却与城堡的城墙砌筑相类似，展示出强烈的军事构筑的特点。在强度高和数量大的双重作用下，砌体几乎完全省去了现场砍磨和"过肋"等烦琐处理，仅需要对调整整体尺度的补充砌体进行加工，如图 6-21 中显示的填缝砖找。因此，104 号、105 号敌台展现出的风格和长城的大多数敌台一样，不能用建筑砌筑方式，如糙砌工艺进行简单而武断的定义，而是展现出带有速度感与豪迈感的军事工事风格。

　　第二类使用方式主要为灌注，这种方式也是复合墙体砌筑最典型的特征。灌注的部分多处于两种砌筑方式的交接位置，如外皮墙和背里之间，以及两侧为齐整砌体，中间为"填馅"的砌体，如垛口及女墙。这种灌注方式既可以保证施工的效率，又可以保证多层不均质组合砌体的强度和稳定性。

　　延庆 104 号、105 号敌台各立面所展示的材料与构造特征相似。石材的用法简单如上所述，还包括位于中室顶部各梁下的垫石。青砖的砌筑方式共为6种。第一种为使用最广泛的台身和垛口的十字缝砌筑，其中混杂着多顺一丁的方式，同时包括多处为调整长度而存在的条砖。第二种为台基上方包砌的双层十字缝，砌筑规整。第三种为砖筒拱，所有部位都严整地采用了一券一伏的形式。外檐箭窗满券用砖自下而上依次为17块、10.5块、26块、15.5块，各伏的半砖几乎都位于顶部。面阔方向箭窗的二伏拱脚有高于整体拱脚一皮的现象，由于距离原因，二券二伏拱脚垫高。门券用砖自下而上依次为22块、12.5块、30块、17块。中室内檐箭窗筒拱砌筑方式与外檐箭窗的方式一致，由于各拱跨度略有差别，头券用砖数量略有差别。104号敌台两侧箭窗筒拱头券用砖21块，中间两券用砖20块；105号各箭窗筒拱头券均用砖22块。其余三种分别为临时性封堵、菱角檐及射孔砌筑方式。敌台表面材料及构造的样式分析见图表6-7及图6-22。

现存建造材料及构造一览表		图表6-7
图例	描述	照片
	城砖：380mm×180mm×80mm，十字缝砌筑； 灰缝宽度为15～20mm；白灰凹缝，局部有修补痕迹，材料为水泥混合砂浆； 主要位于空心敌台台身、雉堞	
	城砖：380mm×180mm×80mm，双层十字缝砌筑； 灰缝宽度为15～20mm；白灰凹缝； 用于空心敌台台基上部	
	砖券：二券二伏；砌体尺寸为380mm×180mm×80mm； 灰缝宽度为15～20mm；白色凹缝，局部有修补痕迹，材料为水泥混合砂浆； 主要位于空心敌台各券口	
	城砖：380mm×180mm×80mm，不规则的十字缝砌筑； 灰缝宽度为15～20mm，宽窄深浅不规则； 主要位于空心敌台箭窗的临时性封堵	
	城砖：370～400mm×180mm×80mm，菱角檐做法； 灰缝宽度为15～20mm； 用于敌台塔身与顶部交接外墙部分	

续图表

图例	描述	照片
	经过加工的青砖，原砖尺寸 370～400mm×180mm×80mm； 灰缝宽度为 15～20mm； 用于箭窗下和雉堞上的射孔	
	花岗岩条石，高 160～190mm，长 400～1200mm； 灰缝宽 15～20mm，水平向排列，彼此之间未见抹灰； 用于台基压顶/台身阶条	
	花岗岩条石，高 300～500mm，长 600～900mm； 灰缝宽 15～20mm，水平向排列，彼此之间未见抹灰； 用于敌台基础和台身之间	

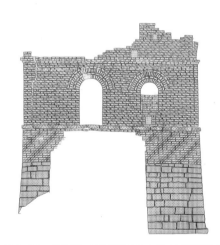

图 6-22　104 号、105 号空心敌台北立面材料分析图

　　特定的建筑材料研究既包含对历史的解读、对材料性能的认识，也包含对文化遗产保护和干预的考虑。通过材料研究，认识和理解历史构筑物的物理一致性，解读与阐释作为真实的物质档案的历史构造物上的历史痕迹，对材料的物理特点、性能和保存状况作出正确评估，进而预测其在气候环境变化情况下的行为，并预测其与可供选择的干预措施、新材料的兼容性问题。

3. 研究段空心敌台及间墙的结构特征与工艺

墩台是人类最早采用与掌握的建筑结构之一。我国夏商时期，先民开始用夯土构筑城墙和建筑基础，并且技术达到了一定水平。公元前 2300 年的石峁遗址发现了大量用石材包砌的石墙。从对石材的加工与砌筑方式看，石峁遗址已经出现了经过严格加工的块石和条石，墙体表面砌筑严整，各层石材的高度一致。砌筑方式更是出现了两侧石块大、填充石块不规则且较小等一系列复合墙体的特征。这说明我国在很早就掌握了石材加工和砌筑的高级技术。这种技术在空心敌台和间墙的砌体中仍可以看到，只是条石、青砖的材料更规整，并采用石灰作为黏结材料。虽然这两种构筑时间跨越四个世纪，但其本质上是兼容的，它们都极好地展现了传统的建造技术和经验智慧。

东西方先民在砖石建筑方面也展现了未经交流所产生的相似性，表现了砖石构筑从材料、构造到结构的技术本质。"复合"砌体结构是西方砖石构筑的一种重要类型。古罗马人发明了一种砖石墙体，两侧"外壳"一般由砖或石块制成，中间的填充芯由灰泥制品、小石块、砾石和平均拳头大小的石质碎片与黏结材料（砂浆）构成。墙芯部分的厚度大大超过了外壳的厚度，因此砖石壳不再具有主要的结构功能，而是作为"一次性协作模板"的角色，基本上具有功能价值（保护墙芯不受大气介质的侵蚀）和美学价值。古罗马砖石墙的建造方式是从两外壳开始砌筑，并在砌筑过程中逐渐交替向外壳夹层灌入灰浆和填充材料，以便让灰泥渗透到石头之间的空隙，借助脚手架，建造下一段墙（图6-23）。这种构筑方式允许一个或较少劳动者对一个段落进行灌浆施工操作。

从厚度和各层的构造来看，明代砖石长城敌台和间墙与古罗马砖石砌体更为类似，其内部填芯均采用骨料和灰浆填灌的砌筑方式，灰浆的黏结强度和耐久性，直接影响了整个墙体的稳定性。延庆明代砖石长城空心敌台的台基和间墙的砌筑，采用了类似但有差别的构造。台基采用了毛石、碎石与三合土作为填芯，分层砌筑，空隙填充三合土。台基青砖和填芯之间以"落落丁"的方式包砌。各部分之间未发现连

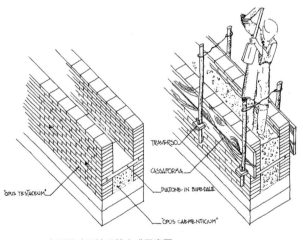

图6-23 古罗马砖石墙砌筑方式示意图

接构造。从这种多层构造和外甃的壳的收分推断，其砌筑应先完成填芯部分，再通过背里层找到适当的收分角度，然后进行外壳包砌，最后以灌浆作为整体工艺的结束。间墙的构造和台基基本一致，但没有落落丁的背里层。这种构造以填芯作收分，外侧条石做角度调整，两层之间仍采用灌浆的方式坚固化。无论是台基还是间墙，包砌的条石都做有"五扒皮"而留有"包灰"位置，这种做法是中国传统建筑所特有的。除可以获得较好的视觉外观外，还有助于保证包甃部分的结构稳定性。

4. 本书研究段空心敌台的营造信息

本书研究段两座空心敌台的类型、形制、体量、空间、结构、材料和构造等诸多层面十分相似，但对个体研究而言，仍需要定义各自的特点，特别是两台之间以及与其他空心敌台的差别。根据"定义来自最近的属加种差"（definitio fit per genus proximum et differentiam specificam），104号、105号敌台的"属"十分确定，为"中室—木顶—外侧室型"和"4-2"型，对两座敌台的"定义"关键在于寻找其"差"。

如前所述，各筒拱由于跨度的差异，券脸用砖的数量略有差异。依据现场测绘数据，其共同的特点是各筒拱皆为单圆心拱，未作增券。头券和二券的拱顶部位使用了数量不等的镐楔砖。这些砖是通过整砖加工而成，两勒面作磨切，使砖呈楔状，一侧丁头为面，从而能够适应筒拱的弧度。构筑中的镐楔砖的规格不统一，说明在二次加工过程中仅有大致的约定而没有严格的标准。两侧券砖则直接使用整砖，因此券的弧度调节基本全部依靠灰浆的厚度。各券砖的数量也并未均为奇数，即不存在规制意义上的"合龙砖"。

105号敌台前檐筒拱头券用砖均为21块，位于中部的镐楔砖均为5块。各券的头券完整，发头伏采取了由南向北的营造次序，造成北向南相叠的效果，即先建好南一筒拱完整的头伏，而后发南二头伏时，使北侧伏脚落于南一头伏之上，位置稍微宽松的部分填充砖块以达到稳定（图6-20）。这种"以券托券"的构造模式是这两座敌台以及同期同类构筑的特点。造成这种问题的原因，最主要的应该是工匠数量有限，自一侧开始营建，而非同时建设各券。二券与二伏采取了同样办法。各筒拱二券用砖由南向北，依次为18块、16块、17块、19块；镐楔砖数量依次为4块、4块、5块、6块。二伏在北一和北二筒拱中部有用半砖补齐的现象。

后檐筒拱头券用砖由北向南依次为22块、22块、22块、23块，位于中部的镐楔砖均为6块。为解决头伏结构与尺度的矛盾，在头券间砌砖两皮，继而在头伏间甃砌砖一块，其上再水平砌两皮以解决二券、二伏的空间和结构问题（图6-20）。各筒拱二券用砖由北向南，依次为18块、17块、17块、20块，镐楔砖数量依次为7块、5块、5块、9块。

总体看来，各筒拱的具体手法多种多样，并没有形成固定的组合，充分展示了在保证建设速度和稳定性原则下边匠的创造力。但从做法分析，内檐各筒拱相互构造关系的处理明显较外檐规整，各券各伏也表现出较为统一的面貌和较为均质的构造。从建设者的角度来看，前后檐可能是不同的建设小组，或者是同一小组在积累经验的基础上，先建设外檐再建设内檐的结果。

105号敌台南侧山面严重坍塌，北侧外侧室筒拱局部坍塌，山面门洞反映了完整的建造信息。门洞筒拱与外侧室券的券脚采用了高低避让的方式，更加有效地利用了墙墩宽度。门洞筒拱头券用砖21块，中央镐楔砖3块。头券头伏拱脚高度一致，二券高于头券三皮，一侧用加工过的梯形砖承托券脚，另一侧承托外侧室二券的券脚。门洞筒拱"埋入"后檐墙，实则表达了转角筒拱的"以券托券"关系，即营造过程中，先完全发好门洞筒拱，而后檐相邻筒拱的二券二伏则以门洞筒拱的券脸作为支撑（图6-18）。因此对于105号敌台而言，整个台身内层结构的营造次序则为"先两山、后两檐"，两檐则是"先前檐、后后檐"。

各筒拱券砖中，特别是二券砖存在大量不向中心辐射分布分析，砌筑中应采用了券胎。其券发自两侧券脚向中央，随摆随填灰，最终根据尺寸调节最后合龙部位，随机选择是砖还是缝，其砌筑方式应归为糙砌。各券几乎都留有"雀台"，即券脚跨度略大于券墩间距，而通向外侧室的券口未留雀台。从结构上看，该处券口与外壳墙体构造一致，即只有券脸而没有进深的券体，不能严格意义上被称为筒拱。各筒拱上部的砌筑形式为全顺或多顺一丁，砌筑中虽避免了通缝现象，但部分错缝距离较小，仅约6cm。内外檐顶部有六对木梁遗留的孔洞，孔洞下有块石作垫脚，在相同标高的中室转角处也有同样尺寸的块石。块石表面个别有錾印，个别仅为劈开状态。其高度略低于两皮砖，因此其间以半砖作填充。从破损部位观察，孔洞表面砌体以石灰浆黏结，内部砌体以三合土作黏结、填充和找平材料，其上薄铺石灰浆一层，继而再铺三合土和石灰浆层，上墁方砖形成台顶地面。

105号敌台箭窗同样采用二券二伏，内檐现存三座箭窗，头券头伏拱脚高度一致，二券拱脚高于头券的三或四皮。各券与伏的连接部位都有经过加工的砖，特别是"梯形砖"作为过渡。由南向北，头券用砖依次为16块、17块、17块，镐楔砖位于中央，依次为6块、7块、7块。镐楔砖之间的灰缝窄，说明是最后砌筑部位。门洞采用二券二伏且拱脚高度一致。头券用砖22块，10块镐楔砖位于中央。外侧室箭窗券脸同样采用二券二伏且拱脚高度一致。头券用砖17块，位于中央的镐楔砖5块。外包墙体基本为十字缝砌筑，从位于墙体中部的条砖分析，其砌筑应自两侧向中央对称进行。北侧门洞与外侧室箭窗券脸之上，有一道由瓦片、片砖到整砖组成的砌层，说明在各筒拱完成后存在重新找平的工序。这一过程发现局部失平而采取的补救措施，则成为 105 号敌台最有特点的部位。

104 号敌台的构造相对规整，这种规整首先体现在台身二券二伏的筒拱券脸。这种规整，说明砌筑过程中已经摆脱了"以券托券"，从而各券独立且同步施工。无论是从施工效率，还是从结构强度、结构单元独立性与荷载均匀性等角度，这都是极大的进步，可以说这种结构真正体现了筒拱结构的本质。104 号敌台外檐筒拱头券用砖数量由南向北依次为 20 块、21 块、20 块、21 块，镐楔砖依次为 9 块、7 块、7 块、7 块。头券之间水平砌筑两皮，作为垫脚支撑头券；头券之间水平砌筑 4 皮砖，作为二券和二伏的垫脚。这种规律的做法说明已经形成某种构造模式。在具体执行过程中，北一和北二筒拱之间的二券砌筑表现出一定程度的"仓促"，似乎对一块一块严格的砌筑失去了耐心。这种情况在内檐筒拱券脸表现得更突出，二券券脚的砖有向两侧"倒"的趋势，从而使整个券显得松散，其结构受力需要灰浆的协助。筒拱券脸以上砌筑方式与 105 号敌台一致，即以全顺砖作填充与找平，同样以 6 对前后檐块石承托木梁，块石之间以两皮砖作填充与找平。两端第二孔洞上，全顺砌筑的砌体中有木柱的空间。据此推断，上层楼橹建筑为木框架与硬山搁檩为结构的三间建筑，明间与次间面阔比为 3∶2。内檐筒拱与外檐的砌筑模式与细节几乎完全一致，即二券两侧的松散状态，展现了 104 号敌台营造信息的特点。头券之间水平砌筑两皮以发头券，头券之间再水平砌筑 4 皮砖以发二券，再砌二皮发二伏。南一和南二筒拱间的二券砌筑表现出的"仓促"，与外檐的北一、北二筒拱相对。筒拱券脸以上砌筑以全顺砖作填充与找平，6 块承托木梁的块石之间以片石和整砖作填充与找平。

山面的门洞筒拱和外侧室的拱券之间形成了较严格的系统。门洞筒拱、外侧室拱券券脸为二券二伏。北山墙外侧室拱券与箭窗筒拱拱脚相平。头券用砖 20 块，其中镐楔砖 8 砖，头伏与头券拱脚相平，砌筑两皮砖后砌二券二伏及门洞头券头伏。外侧室二伏与门洞头伏在脚处相抵，平衡彼此的侧推力。两伏之间砌三皮砖，然后发二券二伏。门洞的券脸埋入后檐砌体内，同样形成转角"以拱托拱"的形式（图 6-24）。门洞筒拱的头券用砖 21 块，其中镐楔砖 4 砖，二券用砖约 17 块，镐楔砖 5 块。南山墙的门洞筒拱和外侧室拱券采用了"以拱托拱"方式。外侧室头券头伏外侧平砌两皮，然后发二券和相抵的门洞头券。两券之间采用三角形和梯形砖填充，然后发头伏和二券。门洞二伏与外侧室二伏相抵（图 6-25）。两山墙筒拱之上采用全顺砌筑，在砌体与拱券相交处，砌体砖采用了半皮砖或者砍角的办法使两者相适应。

104 号敌台箭窗头券头伏拱脚高度一致，二券二伏高于头券拱脚四皮。各券与伏的连接部位采用整砖或半砖作过渡。由南向北，头券用砖依次为 16 块、17 块、17 块、16 块；镐楔砖位于中央，依次为 6 块、7 块、7 块、6 块。镐楔砖之间的灰缝窄于普通砌块。

图 6-24　104 号敌台北山墙外侧室与门洞拱券承托示意图　　图 6-25　104 号敌台南山墙外侧室与门洞拱券承托示意图

门洞采用二券二伏且拱脚高度一致。头券用砖 22 块，10 块镐楔砖位于中央。外侧室箭窗券脸同样采用二券二伏，拱脚高度在靠近门洞方向一致，且与门洞券脚同水平。靠近外侧的二券拱脚升一皮砖，二伏又升一皮。头券用砖 17 块，位于中央的镐楔砖 8 块。外包墙体基本为十字缝砌筑，其砌筑应自两侧向中央对称进行。

垛口墙与女儿墙的砌筑方式，除顶部特制的垛顶砖外，主体采用了城砖砌筑。具体而言，采用了两侧城砖十字缝砌外壳、中间填芯的做法，只是墙芯的距离很小，采用了碎砖块和纯石灰浆灌缝的手法。这种砌筑方法和上文描述的西方古代"普通"石墙非常类似，除了墙芯较薄之外，两侧的壳之间没有拉结物。其稳定性主要依靠墙芯和砌体之间灰浆的黏接强度支撑。在黏接材料失效后，这类结构容易发生鼓胀和开裂等劣化现象。

精细的几何学测绘是为了深度揭示建筑和营造现象的规律，丰富科学认知。几何学测绘并不仅是把研究对象通过图纸或其他媒介进行重建，审视测绘过程与解读研究对象是必要的，也成为相关学科进一步分析与研究的基础。而以建筑修复为目标的项目中，建筑几何学测绘开始关注材料、构造技术和尺度的关系，以及劣化现象。正是这个原因，使得测绘与近距离的现场勘察居于病害诊断与设计阶段核心地位。测绘有助于"认识"一件文物，重建其整体和局部的几何形状，有了测绘调查，就有可能构建这样的参考框架。在严格的度量信息中，为勘察诊断建筑物的状态提供了第一次机会，并可以以此为基础进一步进行各种目标的查证。

第七章　延庆砖石长城专题研究段保存状态分析与保护设计

一、延庆明代砖石长城空心敌台与间墙的劣化

延庆明代砖石长城空心敌台和间墙存在不同类型、不同程度的变化与劣化,特指持续的、缓慢的表面劣化,而积累的、剧烈的、能够造成历史构筑物瞬间毁灭性破坏则称为结构形变。"当必建不可已之处"的场地隐患和结构设计缺陷,构成了空心敌台和间墙固有的结构安全隐患。

1. 保存状态勘查的标准

作为历史营造物,长城由砖石砌体和拱券结构构成,具有材料本身固有的物理属性和特征。一旦建造完成,其生命过程则会经历外观及形态的改变和既定特征的变化,如承载力、孔隙率和颜色。这些变化或轻或重地以明显的方式改变了材料和整体的视觉、触觉和风貌特征。在过去的几十年里,由于大气污染,由传统材料制成的建筑物的劣化过程经历了一个加速过程,长城构筑的保护与修复面对着新形势。"保护是阻止劣化和管理动态变化的行为"。了解影响传统材料的改变和劣化现象的原因与性质,并正确评估对其保存的影响,已成为建筑遗产保护的工作重点与基础。

自然地理学中的"退化"和"劣化",通常指"大气中的气体和水分对岩石的化学改变"这一缓慢过程,而"改变（chang）"则用来表示这一过程更明显的影响,特别是"机械和化学作用对岩石的瓦解"。随着时间的推移,环境作用往往会改变自然状态下营造物中材料的结构、形态,有时还会改变其化学成分。

对延庆明代砖石长城劣化现象的勘查与评估,以经验丰富的意大利及国际遗址古迹理事会（ICOMOS）出版的砖石建筑劣化标准为参考。意大利在砖石建筑方面首先形成了标准与规范,1977—1997 年使用 NorMal 1/88 规范标准,之后升级为国标文件：UNI 11182：2006（天然和人造石材材料：描述改变的形式——术语和定义）。在此基础上,

国际古迹遗址理事会（ICOMOS）与国际石材科学委员会（ISCS）于2008年联合发布了英语版、法语版的《石材劣化模式的图解词汇表》，旨在建立一套图文对应的国际通用术语，作为砖石劣化表述的准则。陕西省文物保护研究院的砖石质文物保护国家文物局重点科研基地于2019年将该词汇表翻译为中文版。

这些规范以表面劣化和改变的定义和描述为内容与工作对象，不涉及诸如局部坍塌、歪闪等结构性劣化。劣化现象就其本质而言，属于持续的、全局的缓慢演变的动态过程，因此，任何解释性的模型往往不足以完全描述事物的现实，而需要综合考虑与全局的认知。

2. 专题段空心敌台及间墙的劣化现状

构筑与材料表面劣化与病害的初步勘察，主要依靠"直接"或"视觉"经验勘察分析，发现、了解、评估和判断其基本特征。通过视觉、触觉和听觉，根据印象、感觉来判断材料的特性及其保存状态，对其状态与现象的性质、原因和危险性提出判断结果。在特定情况下，进一步通过仪器或实验室科学分析初步勘察的假设结果。

104号空心敌台的劣化主要包括局部坍塌、砌体鼓胀与变形、砌体剥离、裂缝、材料缺失、粉化、深度侵蚀、结壳、结晶析出、植物生长等，同时表面发生整体性的颜色变化（图7-1，图表7-1）。

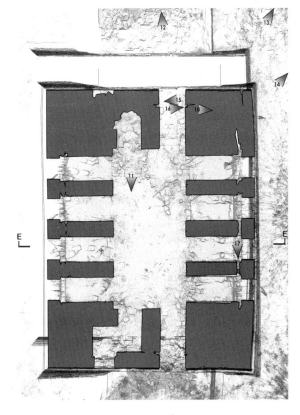

图7-1　104号空心敌台劣化状况视点位置示意图

104号空心敌台现状劣化情况勘查与记录一览表　　图表 7-1

视点 10　南立面券门状况

视点 11　中室北侧券洞

视点 12　北立面券门与裂缝

视点 13　东北部状况与裂缝

视点 14　东侧北部墙体裂缝

视点 15　北立面门券东内侧贯穿裂缝

视点 16　北立面门券西墩裂缝

视点 17　拱券墩体贯穿裂缝

视点 18　中室北侧局部坍塌

局部坍塌主要发生在台顶、垛口和侧室顶（视点11、视点18）。鼓胀主要存在于台身，特别是台身东侧（后檐）墙体，整体向外凸出，这也造成了该墙体的整体变形，造成与台身内部砌体的严重剥离，同样的情况还包括西侧箭窗墙体。该部位鼓胀、变形、剥离和裂缝同时发生，裂缝是多发性劣化，分布于多个部位（视图10～视图17），多数裂缝与结构劣化相关。材料缺失是由局部坍塌造成的，例如垛口和北门券头券头伏局部（视点12、视点13、视点15），缺失也包括局部砌体中灰缝脱落的情况。植物病害主要发生于台顶，以灌木和草本植物为主（视点18）。粉化、深度侵蚀即对青砖酥化程度不同的定义，广泛分布于青砖砌体各处，结晶析出即通常所述砌体泛碱，主要分布于台身顶部。"结晶析出"的命名更加严谨，而结壳与"生物锈饰（biological patina）"主要发生于台基花岗石部分。

105号空心敌台的劣化与104号空心敌台的一致，包括局部坍塌、鼓胀、变形、剥离、裂缝、材料缺失、植物生长、粉化、深度侵蚀、结壳、结晶析出，砌体表面整体性变色。局部坍塌除台顶、垛口和侧室外（视点3），台身东南角墙体和相连筒拱坍塌（视点1、视点2）。台身前后檐墙体的鼓胀、变形、剥离、裂缝，与104号敌台一致，但其前檐较后檐严重。裂缝也是105号敌台较为普遍的劣化形式之一，分布于台基、台身各处。其余类型与部位的劣化与变化与104号敌台相似（图7-2，图表7-2）。

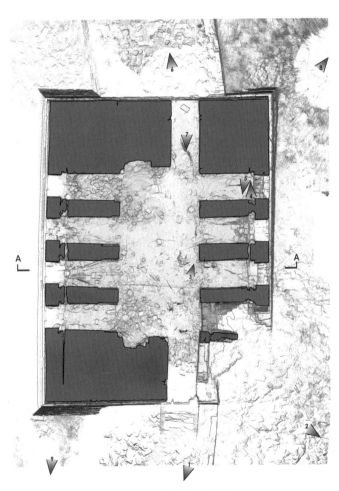

图7-2　105号空心敌台劣化状况视点位置示意图

105号空心敌台现状劣化情况勘查与记录一览表　　图表7-2

视点1　局部坍塌的东南角

视点2　局部坍塌的东南角

视点3　塌毁的中室南侧拱券

视点4　拱券墩体剥离及砖找

视点5　拱券墩体剥离及砖找

视点6　北立面门券裂缝及材料位移

视点7　北立面门券下沉的券砖

视点8　东北基础裂缝

视点9　西南基础状况

延庆 104 号、105 号空心敌台建设于明代隆庆朝，至今 450 余年。根据可观测的劣化程度与速度可以得出初步结论：在长时段内，大气因子对两座敌台表面的损害"过程"是线性的，即在恒定的时间段内与对应的劣化呈正比；在同等环境中，对表面劣化不进行任何干预的情况下，劣化与破坏可预见、可接受，即在未来 450 年内，劣化的增加量将等于迄今为止记录的水平。因此，表面仅需进行恰当的保养维护，而结构鼓胀、变形和外围墙体剥离等结构问题的存在（图表 7-3，图 7-3、图 7-4），则有可能在更短时间内导致劣化状态显著增加，因此必须采取干预行动，消除结构形变方面的影响。

典型结构稳定性病害一览表　　图表 7-3

图例	名称	图片序号
◯	局部缺失	视点 6、视点 7、视点 12、视点 13、视点 15
～	裂缝	视点 6、视点 8、视点 9、视点 10、视点 11、视点 12、视点 13、视点 14
■	断裂	视点 4、视点 5、视点 16、视点 17
■	坍塌	视点 1、视点 2、视点 3、视点 18

图 7-3　104 号空心敌台北立面、南立面结构劣化分析

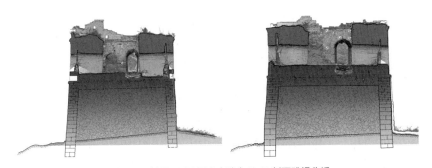

图 7-4　105 号空心敌台 A-A 剖面、104 号空心敌台 E-E 剖面残损分析

图 7-5 104～105 号敌台间墙劣化状况视点位置示意图

间墙现状与劣化情况勘查与记录一览表

图表 7-4

间墙东立面图位置示意（三维激光扫描点云正射图像）

视点 1　104 号敌台南望 105 号敌台

视点 2　105 号敌台北望 104 号敌台

视点 3　104 号敌台北望 长城墙体和登城位置

视点 4　104 号敌台南望 长城墙体

视点 5　间墙东侧细部

视点 6　间墙东侧细部

视点 7　间墙东侧细部

视点 8　东侧水舌残状

视点 9　间墙东侧水舌

续表

视点10 间墙顶部细部	视点11 间墙顶部细部	视点12 间墙顶部细部
视点13 间墙顶部细部	视点14 间墙顶部细部	视点15 间墙东侧水舌
视点16 104号敌台北望	视点17 间墙东侧加建登城踏步	视点18 间墙东侧细部
视点19 104号敌台北侧局部坍塌的登城小门及墙体	视点20 104号敌台北侧局部坍塌的登城小门及墙体	视点21 104号敌台北侧连接间墙东侧

　　间墙的变化与劣化类型包括局部坍塌、材料缺失、鼓胀、植物生长、粉化、结壳、生物锈化等。局部坍塌包括垛口和女墙以及登城小门，全部为青砖砌筑部位。因此可以说，青砖砌筑部位较石砌部位更容易发生坍塌。材料缺失除坍塌部位外，还有间墙顶面的铺砌部分。鼓胀存在于间墙两侧，但程度不严重。粉化、结壳、生物锈化等主要存在于砖石表面。而植物生长问题，是间墙中最严重的病害之一，墙体顶面由于铺装层的

破坏和内部三合土的劣化，造成间墙顶部有大量的乔木、灌木和草本植物滋生（图表7-4）。

本书研究段劣化统计见图表7-5，劣化研究段图纸见图7-6、图7-7、图7-8。如前所述，专题图纸是在勘查的基础上构建的图形作品，其表现与内容支持不同的研究。图中一种颜色、一条线或各种图形符号对表面的某一部分进行定位和划分，或标明点状或线性元素的存在，以表明影响建筑的这些部分或这些建筑元素的劣化/改变的现象。因此，一个彩色区域可以"告诉"那些查阅和使用图纸的读者，构筑物立面的特定部分受到表面或深层侵蚀现象的影响。

本书研究段劣化类型一览表　　图表7-5

序号	劣化类型	劣化现象	照片	图例
1	材料缺失	材料或局部脱落后留下的空洞或空缺；"材料缺失"是通用词汇，可以形容多种状态		
2	裂缝	该劣化表现为材料的连续性被消解，并可能造成各部分之间的关联运动。裂缝的形态可以为线性（即单条分支形成）或网状（具有多条分支）		
3	植物生长	墙体存在有地衣、苔藓和其他植物		
4	生物锈饰（patina）：地衣	外观呈圆形、有硬壳，由菌类和藻类组成		
5	生物锈饰（biological patina）：霉菌	黏附于表面的、薄而柔软均匀，具有明显的生物学性质，颜色可变但主要为绿色。生物古色主要由灰尘、土壤等可以附着的微生物组成。视觉变化通过材料表面上生物致病元素的绿色叠加来体现。物理/化学的后果包括着色层的卷曲、翘起或粉碎，最后包括灰泥载体的崩解和分离		
6	粉化	材料失去凝聚性，特征为在最小机械应力下分离为颗粒或晶体		
7	深度侵蚀	由于风携带的固体颗粒的机械作用，使材料表面造成破损		
8	灰缝的表面侵蚀	由风携固体颗粒的机械作用，使材料表面造成破损与流失。这种侵蚀是表面性的，灰浆侵蚀深度最大为1~2cm		

续表

序号	劣化类型	劣化现象	照片	图例
9	结壳—灰色区域	存在于经过任何处理的石材或石质产品的蚀变表层。其厚度不同,坚硬、易碎,且可通过其形态特征以及颜色与下层部分区。也可以自发地与通常可分解和/或多尘的基质分离		
10	结晶	雨水径流影响引起的病理。浸出的水分主要具有垂直路线,但由于微液滴偏离了液滴的路径,其路径通常也沿光滑表面弯曲		

图 7-6　104 号敌台北立面(左)、南立面(右)、东立面(下)劣化类型与分布图

图 7-7　105 号敌台北立面(左)、南立面(右)、东立面(下)劣化类型与分布图

图 7-8　间墙东立面图劣化类型与分布图

3. 专题段空心敌台及间墙的劣化原因

以内部因素和外部因素的视角分析，104号、105号空心敌台的劣化的"固有因素"首先反映在基址选择。"内部因素"是指在一定程度上存在或依赖于建筑物的"弱点"或构造缺陷的因素，也称为"固有因素"。固有因素基本上与建筑物本身的营造特性有关，包括建设基址的缺陷、设计的静力计算、结构选型、防水排水、材料选择与构造设计方面的错误，以及使用中后期添建与加建物的影响，或者对特定类型构筑物的不了解；施工过程、材料质量和施工技术有关的错误，源于无知、误解、赶工期或不正确的工艺以及经济原因造成的技术问题。在缺少岩土工程勘察依据的情况下，这种结论尚属于根据105号敌台东南角坍塌现象的推测。地基或者基础的不稳定，造成上部筒拱结构的变形和失稳以及墙体产生裂缝等。对于军事构筑而言，要冲之地的建设以牺牲"合用之地"为代价，这种情况可以通过"两防"修缮得以缓解。而结构设计的缺陷一种是体现在转角筒拱的交接方式，这两座敌台采用了山面筒拱券脸支撑前后檐筒拱拱脚，前后檐筒拱的侧推力则构成山面筒拱的轴线推力，因此造成105号敌台东南角台身的坍塌也存在这种可能。另一种显著的结构设计缺陷则是外侧室顶部采用平拱，在两侧脚稍微变形后极易发生坍塌。构造设计的固有失误主要表现在造成了箭窗外围墙体变形、剥离、鼓胀和开裂。外围墙体与内核筒拱墙之间没有拉结构件，而全部靠"砖找"贴合，两者产生不同的运动与位移，外围墙体容易发生变形、鼓胀、剥离和开裂。延庆地区砖石长城敌台和墙体发生的"剥皮"现象几乎都是这种原因造成的。

"外部因素"几乎都可以追溯到自然因素，如气候和气象因素、生物侵害等。这些因素从外部介入，并经常施加一种与建筑物某方面特定脆弱性有关的改变活动。"外部因素"中，水、大气和气候贡献了多数的劣化效应，对结构稳定性构成较大影响。首先由于台顶铺砌层被破坏，大气降水极易进入台身砌体内部，即使传统材料的吸水性和孔隙率都有利于降水和潮湿的排除，但其中的大量三合土在吸水后，荷载远超干燥情形，造成了台身、间墙的墙体鼓胀、变形以及裂缝。而两座敌台处于山峰和山脊，毛细水的作用不明显，因此台基保存较好。由于吸水性盐分的存在，砌体内部大量吸收空气中的水分，特别是夏季，墙体与墙芯中水向表面的移动，造成了明显的结晶，即泛碱现象。潮湿的水汽在砖石砌体表面凝结，造成了表面劣化，如粉化（酥化）、深度侵蚀以及微生物生长，形成生物古色。破损后的台顶，特别是间墙顶部，内部土芯吸收大量降水，为植物生长提供了可能。

人为因素也是"外部因素"中的重要组成，是构成砖石长城敌台和间墙破坏的主要原因之一。大气污染物造成石灰黏合剂的失效，这种情形不但造成了灰缝的局部粉化和脱落，更给结构稳定造成了影响。黏结失效后的石灰层在结构上仅发挥了"砌块"的作用，而其强度低于青砖与石材，碎裂和粉化后，使砌体呈现松散现象。筒拱的券伏发生的材料缺失、间墙小门拱券垮塌都与此直接相关。随着黏结材料的失效，砌体整体强度变低，当荷载恒定时则容易出现裂缝。困难时期，周围居民为了获得木材、青砖等拆除建筑材料，造成了先前劣化和材料缺失。而不断地探访长城活动的游客攀爬与踩踏，使其荷载不断发生变化也威胁结构稳定，特别是敌台已存在其他劣化和结构形变的基础上，容易导致进一步的劣化。

　　根据可导致直接危害、发育及引发其他类型劣化、先前发生且造成影响但已经停止的劣化三种分类，首先是本书研究段两座空心敌台的"直接危害"是前后檐墙体鼓胀与剥离，大气降水可由此进入台身内部，在荷载变化和构造缺陷的作用下，可导致外围墙体的坍塌。其次是筒拱结构的失稳和坍塌。"发育及引发其他类型的劣化"包括门洞拱券砖的缺失导致该处拱券受力失效，进而引起该处墙体的裂缝与剥离，可导致整体坍塌。同时还包括粉化、结晶、深度侵蚀、灰缝侵蚀和植物生长。而这些劣化都处于"准平衡"状态，即劣化速度、程度与时间成正比，且可以通过统计实验和计算推测其劣化效果及影响。"先前发生且造成影响但已经停止的劣化"包括女墙坍塌及人为拆除木构件活动（表7-1）。

专题研究段劣化类型名称、现象及原因一览表　　　　表7-1

劣化名称	劣化现象	劣化原因
材料缺失	材料或局部脱落后留下的空洞或空缺；"材料缺失"是通用词汇，可以形容多种状态	·水（降水或酸性程度不等的径流等）浸入/渗入基质的微裂隙中 ·基质中水/潮湿的迁移（冷凝潮湿、土壤中潮湿在毛细作用下的上升、屋檐缺陷和落水管的泄漏引起的意外潮气等） ·基质失去内聚力 ·由于裂缝存在和结构损伤而产生的持续消解作用 ·缺乏保养维护
裂缝	该劣化表现为材料的连续性被消解，并可能造成各部分之间的关联运动。裂缝的形态可以为线性（即单条分支形成）或网状（具有多条分支）	·材料的物理机械性能变化 ·材料的化学矿物学组成 ·水渗透到基质的裂隙中（降水或酸性程度不等的径流等） ·可溶盐的存在（盐的结晶和亚结晶的形成） ·冻融循环 ·温度起伏 ·破坏黏合剂的大气污染 ·劣化机制 ·物理作用：如材料的热胀冷缩
植物生长	墙体存在有地衣、苔藓和植物	·结构空隙（如孔洞、裂缝等） ·进水（雨水、冷凝水、上升的湿气等） ·裂缝或空洞产生的持续性溶解现象 ·存在足够的光照以进行光合作用 ·具有较高的相对湿度的低污染环境 ·高温、通风不良 ·材料基材中存在有机材料 ·劣化机制 ·黏合剂分解的化学作用 ·由于根系的影响，灰浆的脱黏和脱落的物理作用

续表

劣化名称	劣化现象	劣化原因
生物锈饰：地衣	外观呈圆形、有硬壳，由菌类和藻类组成	·环境成因/因素 ·污染和中等湿度的暴露的开放部位 ·效果 ·通过腐蚀作用分解材料内部的钙质物质
生物锈饰：霉菌	生物锈饰主要由灰尘、土壤等可以附着的微生物组成。视觉变化通过材料表面上生物致病元素的绿色叠加来体现。物理/化学的后果包括着色层的卷曲、翘起或粉碎，最后包括灰泥载体的崩解和分离	·相对湿度高于正常水平 ·基质内水分/湿气的迁移（冷凝湿气、毛细作用从地面升起的湿气，由于有缺陷的屋檐和落水管的泄漏引起的意外湿气等） ·北向 ·基质的化学成分 ·自然和人为污染 ·劣化机制 ·化学作用：生物古色
粉化/酥化	材料失去凝聚性，特征为在最小机械应力下分离为颗粒或晶体	·大气污染侵蚀和破坏矿物的黏合剂 ·空隙的结构（孔隙、裂缝等的特征）和材料的化学矿物学组成 ·水渗透到基质的裂隙中（降水以及不同程度的酸性径流等） ·水分/湿气在基质中的迁移（冷凝湿气、毛细作用由土壤内升起的湿气、有缺陷的屋檐泄漏而引起的意外湿气等） ·风力作用（强烈的空气湍流与石材表面接触） ·温度起伏 ·冻融循环 ·可溶性盐的存在（盐的结晶和亚花粉的形成） ·劣化机制 ·物理作用：孔隙内的压力
深度侵蚀	由于风携带的固体颗粒的机械作用，使材料表面造成破损	·砖石材料的化学 矿物学组成 ·存在空隙结构（孔隙、裂缝等的特征） ·风力（强烈的湍流与石材表面接触） ·水渗透到基质的裂隙中（降水冲刷以及不同程度的酸性径流） ·基质中水分/湿气的迁移（冷凝水汽、毛细作用从地面升起的水汽、有缺陷的屋檐和落水管的泄漏引起的意外水汽等） ·可溶性盐的结晶（可见于亚荧光反应） ·温度起伏 ·朝向 ·劣化机制 ·有材料损失的物理作用
灰缝的表面风化	由风携固体颗粒的机械作用，使材料表面造成破损与流失。这种侵蚀是表面性的，灰浆侵蚀深度最大为1~2cm	·材料的化学—矿物学组成 ·水渗透到基质的裂隙中（降水冲刷以及不同程度的酸性径流） ·基质中水分/湿气的迁移（冷凝水汽、毛细作用从地面升起的水汽、有缺陷的屋檐和落水管的泄漏引起的意外水汽等） ·冻融循环 ·暴露大气中（风、日晒、雾、雨等） ·大气污染，侵蚀和分解矿物的黏合剂 ·可溶性盐的结晶（可见于亚荧光反应） ·缺乏或缺少维护
结壳—灰色区域	存在于经过任何处理的石材或石质产品的蚀变表层。其厚度不同，坚硬、易碎，且可通过其形态特征以及颜色与下层部分区；也可以自发地与通常可分解和多尘的基质分离	·材料的化学—矿物学组成 ·环境污染（干—湿沉降），侵蚀和分解矿物黏合剂 ·材料表面上存在水膜 ·构筑物的形态 ·劣化机制 ·化学作用：碳酸钙的硫酸盐化

续表

劣化名称	劣化现象	劣化原因
结晶/碱化	雨水径流影响引起的病理。浸出的水分主要具有垂直路线，但由于微液滴偏离了液滴的路径，其路径通常也沿光滑表面弯曲	・基质冲刷（降水冲刷以及不同程度的酸性径流） ・水分/湿气在基质内的迁移（冷凝水汽、毛细作用从地面升起的水汽、有缺陷的屋檐和落水管的泄漏引起的意外水汽等） ・大气污染物的干和湿沉积（侵蚀和破坏矿物黏合剂）以及随后的化学侵蚀 ・构筑物的形态

二、延庆砖石长城空心敌台与间墙的保护设计

1. 研究段空心敌台的结构加固

总体而言，两座敌台处于"准平衡"状态，采用以加固为主的干预措施和保养维护的策略。与重点修缮比较而言，既可以节约资金投入又可以减少工作量，降低对历史构筑的扰动，有利于营造信息的研究与传承。结构稳定性分析和劣化效应与影响分析确定了本书研究段存在外围墙体鼓胀、剥离进而坍塌的风险。延庆区已有使用外置金属扶壁进行支顶和扁钢抱箍等安全加固措施的案例（图7-9），达到了预期的安全效果，但外观的艺术性有提升的空间。

设计采用的加固策略与以上案例相似，但使用了仅抗拉的钢缆进行抱箍，使结构具有可调节性（图7-10），具体而言，使用由液压油缸牵引的金属缆绳。与刚性的金属杆件相比，金属缆绳的张力更适于固定向外鼓胀与剥离的墙体（图7-11）。除了采用

图7-9 延庆83号空心敌台铁箍与型钢支架

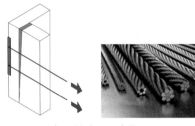
图 7-10　金属缆绳加固示意图

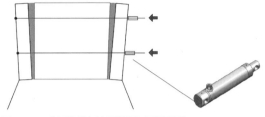
图 7-11　金属缆绳与液压油缸加固示意图

金属缆绳对鼓胀的墙体进行加固外，另一个能够有效预防这一结构问题的干预措施也应实施，即与主体剥离的表层墙体的加固。这种问题的加固采用螺纹钢杆锚固，按一定间距钻孔插入螺纹钢，孔中填充灰浆（图 7-12 ~ 图 7-14）。

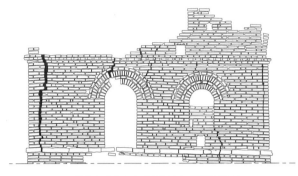
图 7-12　104 号空心敌台台身北立面未加干预的状况

2. 研究段砖石砌体的表面劣化干预

对本书研究段干预的基本操作从清理、清除与加固开始。

清除植被、清理塌陷后地面的材料堆，拆离非稳定部位及与主体脱离的材料并进行分类，将其分别堆积在石、条砖、方砖等不同类型的料堆中，以便在后续剔补和局部复原中使用。加固松动与不

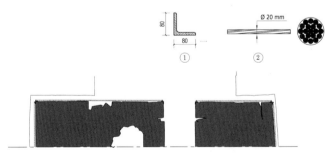
图 7-13　104 号空心敌台台身北立面、平面金属缆绳干预方案示意图

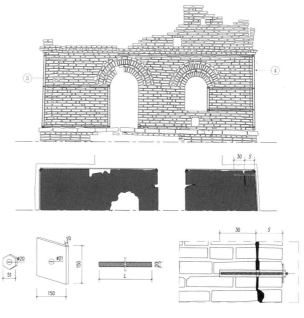

图 7-14　104 号空心敌台台身北立面、平面锚杆加固方案示意图

栓帽　　金属板　　　螺纹钢　　图中 S 为裂缝到墙体外表面的距离
　　　　　　　　　　　　　　　③　　　　　　　　　　　　　④

安全的部分，保证各部分在现场保存的安全性与长期性，尤其应针对出现剥离、鼓胀的箭窗墙体，避免失去结构支撑后导致局部坍塌状况。清除墙面上的自养、异养微生物的菌落，喷洒杀菌产品并在足够的时间后用刷子和海绵或低压水流手工或使用设备清除。通过试验确定最合适的处理材料，清除根部深入砌体内部的草本植物和灌木植物，具体措施是在叶片上喷洒系统性的相关产品，让植物完全枯萎后再清除，随后彻底清除灌木和杂草，包括深层除根，并注意避免破坏周围的砖石构筑。

在不危及砌体安全的情况下，移除易清除的植被和坍塌掩埋的部分后，就必须进行现场"二次勘察"，以便近距离评估砖石表层的保存状况，灰浆的状态、黏结度和特征，植物形态的特征、活跃或不活跃状态，以及任何之前观测不到的现象与物质。通过这项调查，可以对目前的其他情况进行初步评估，从而对劣化情况进行分析，并对将要采取的干预措施进行评估。具体的劣化原因与干预方式见图表 7-6。

研究段劣化类型名称、现象及原因一览表　　　　　　　图表 7-6

劣化图例	照片	劣化名称	干预方案
		材料缺失	・清除不稳定且不可修复的严重损毁部分和构件 ・进行无水清洗，清除沉积的粉末类污染物和松动的颗粒 ・当有结构需要时，重做与原物类似的部分并固定于原位置
		裂缝	・可修复的严重受损情况，则采用锚杆系统。该系统使用螺纹不锈钢或玻璃纤维，表面涂抹无溶剂液态环氧树脂 ・使用灰浆进行灌浆
		植物生长	・将除草剂注射到根系中或通过用活塞喷雾器进行点喷（在这种情况下，必须保护砌体）来进行除草。除草剂的有效性和活性物质浓度水平应通过实验室抽样验证和小规模的现场实验 ・通过使用不会引起振动的机械工具切割根部，去除杂草和乔木、灌木植物，但须在 20~30 天后以及在营养结构完全干燥后，方可进行清理 ・通过低浓度除草剂蒸汽进行预防性处理，以防止乔、灌木的生长和自养微生物的侵袭
		生物锈饰：地衣	・采用合适的杀菌剂（例如 5% 的氨水）涂抹其表面 ・用去离子水和柔软的尼龙或扫帚刷清理 ・通过低浓度杀生物剂蒸汽进行预防性处理，以防止自养微生物的侵袭
		生物锈饰：霉菌	・同上

续表

劣化图例	照片	劣化名称	干预方案
		风化	·固定脱离支撑体的分层开裂部分（请参阅相关表格） ·通过使用刷子和/或软毛刷，清除沉积的粉末 ·通过刷子或喷雾经过实验的有机固结剂
		深度酥碱	·使用刷子或软毛刷，去除沉积的粉末 ·在初步取样后，通过使用有机化合物（例如丙烯酸—有机硅树脂）浸渍来进行固结保护 ·对于没有装饰且处于高度劣化状态的元素 ·剔补并随后对其进行保护处理
		灰缝的表面风化	·使用刷子或软毛刷，去除沉积的粉末 ·调查并评估现有灰浆的类型和质量 ·使用勾缝工具，将成分和颜色与原始材料相似的灰浆，点状修补灰缝，并使其表面略微倾斜以利于雨水排除。灰缝表面处理及调节，通过使用蘸有蒸馏水的海绵进行
		结壳—灰色区域	·预处理基质 ·使用低压空气研磨设备进行清洁 ·拟定防固结剂，以防止部分受到雨水的侵害
		结晶	·同上

三、延庆砖石长城空心敌台与间墙的保护利用设计

1. 保护利用设计的基础与内容

古迹自建成的一刻就承担着某种用途、功能或职责，"可以被使用"以及"必须被使用"的特征与属性，是其保护利用的基础。通过"被使用"，古迹在发挥"功用"的同时，也融入了当时的社会生活与城市结构，延续了存在时间。里格尔首先将"利用价值"置于古迹的价值体系中。英国的乔治·吉尔伯特·斯科特在20世纪曾经指出"古代的教堂有必须被使用"的特点，并在实践中将"使用中的建筑"单独分类。持续的使用有助于保护，1931年《雅典宪章》的第一条中就明确指出"建议尽可能保持对古迹的使用"，这开启了保护与利用相结合的模式。

古迹可以在其生命过程中一直发挥相同或类似的功用，例如宗教建筑，更多的情况是承担的功能随着时间的推移而发生转变，例如中世纪早期利用古罗马巴西利卡的基督教堂，文艺复兴时期米开朗琪罗改造古罗马的戴克里先浴场局部而成的圣母玛利亚天使与殉难者教堂等。现代著名建筑师阿尔多·罗西也观察到帕多瓦的理性宫因为功能随时代不断转化而跨世纪续存的现象。

长城作为旅游目的地的设定是其本身的物理属性与精神特质决定的。长城作为军事构筑诞生，处在不同文化边界位置的山脊、山谷等军事要地，主体以墙体、敌台、烽火台等为主要的构筑物，其物理空间可达性普遍较差，改作他用可行性低。同时，长城作为华夏文明不屈精神的象征，在各个时代都有巨大的吸引力。这决定了其最适宜的利用方式，是在可达性好的段落开展参观与旅游。无论是英国的哈德良长城，葡萄牙的摩尔人城堡，还是意大利圣吉米尼亚诺的瞭望塔群，都证明了旅游目的地定位的必然性，甚至是唯一性。意大利著名的古迹罗马斗兽场在经历了多种新功能的尝试后，最终作为旅游目的使用。

建筑遗产的保护利用也并非是仅被功利和实用所驱使，其包含的历史信息和作为"艺术品"的存在，使其成为一种独特的"象征"。在这个意义上，它获得了一种与当世交流的可能与必要，这是保护利用的核心。因此，保护利用并非简单发挥其构筑或者空间的"可用"这一属性，其本质是意图将已经存在了相当长时间的历史营造物续存下去，并且传达对历史营造物及其场所的耐久性、永存性和真实性所累积的认识。通过保护利用，不但能够传播其历史信息，也包括被赋予的当代价值的传播与传递。通过新与旧之间的对话，展示在过去与当下的时间尺度上，同样被认可的身份与价值，古迹正是透过

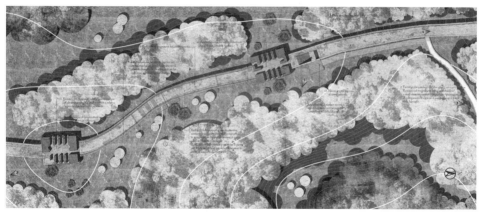

图 7-15　研究段保护利用设计总平面图

时光流逝而成为对过去记忆从而获得了向未来投射的权利。因此，长城的保护利用与交流中，最重要的内容是蕴含的历史及知识、价值与艺术等，以及在近代获得的象征价值。

从历史向未来的传递过程中，连续性是需要被关注的关键概念之一。它涉及时间维度上的历史连续性、空间—物质维度的续存方面的结构连续性，以及美学欣赏方面的心理维度的视觉连续性，还包括了观众在参观游览过程中移动线路的连续性（图7-15）。出于连续性的要求，"修复"与"利用"需要被视为一个整体看待。

2."修复"是展示的重要部分

修复中所采取的措施，都要遵循现代修复最基本的标准，即"真实性"和"最低限度干预"，以及"可识别性""可逆性"和"兼容性"，以最大限度地保全古迹的物质及其蕴含的信息。而呈现为破损或者支离破碎的历史构筑物，总是需要"添加物"保证其结构稳定。在满足这一标准的多种多样的手段与方法中，如何看待传统与现代材料、技术和手段成为争论的焦点。

如前文所述，延庆长城的修缮也以对历史营造物"补全"的程度、材料和手段作为分期标志。就干预程度的发展趋势而言，延庆长城的修缮从全面复原的整体性形制补全，逐步发展到以有现代材料技术参与的、以抢险加固为目标的局部补全。

以意大利为代表的欧洲国家，也经历了长期的争论与探讨。其修复和保护利用方面发展出的一系列原则与共识，可以为长城保护利用的相关工作提供借鉴。经过19世纪末的探讨，1931年的《雅典修复宪章》和1932年《意大利修复宪章》确定了一些原则，对后世的保护与利用影响广泛。这些原则包括：添加或复原必须采用与纪念物不同的风格特征；避免复制纪念物的形状或者装饰；采用不同的材料；插入标记或修复的日期，在古迹内或其附近放置不同时期的说明和照片或公开发表说明性文字等。但在相当长的一段时间内，这些主张都停留在纸上。

最初的补全几乎都是以传统材料以及模仿传统的手法呈现，这种现象伴随着对建筑遗产有限的理解，也囿于新材料、新结构发展的缓慢与局限。欧洲在19世纪和20世纪的大部分时间里，新材料都难以逾越传统材料而进入传统建筑，原因是传统惯性所造成的技术和工艺转型明显困难。这种困难在传统建筑和古迹方面，特别是在历史悠久的建筑群和历史城市中被放大，从结构与技术领域，进入到公众舆论对古迹的期望的社会文化领域。采用"复原"的方式，虽然除材料与技术除了更为工匠所掌握、更易与遗迹相结合外，更重要的是符合公众和舆论对古迹的预期，但这种方法容易造成营造信息的混淆、歧义与暧昧。

3. 延庆砖石长城研究段的保护利用

与修复不同，古迹的保护利用尚未出现各个国家与地区公认的原则或者标准，这方面的研究相对滞后于建筑遗产保护工作。随着公众对接触历史文化的需求快速增加，随之而来的是对性能和舒适度的期望。但无论如何，作为保护利用项目中当代必须植入的元素，不允许造成历史营造元素的混淆、歧义、暧昧或者分散对历史营造物注意力的手法。因为历史营造物的使命是将其所携带的古代信息向这一时代及未来传递，任何新添加物和目的都不得影响这个使命。而为了达到信息传递的目的，需要充分利用理解、认识与发现古物的意愿，将有兴趣和有能力的观者引入到恰当的环境、范围与距离内，其措施与手段则有可能造成历史营造物的局部损失或改变。为了满足当前生活和使用的习惯、需要和规范，历史营造物及其环境需要解决两个问题，首先是功能和参观流线的"重新布置"，其次是必然涉及设备设施、新构筑物或构件的"植入"问题。

古迹物质遗存的"旧"与植入的"新"之间关系的讨论构成了建筑遗产保护中最复杂甚至最具争议的方面，也构成了该领域最开放的图景，贯穿于这一主题的理论阐述、案例评价以及修复设计自身的过程中。新旧之间试图建立"一种既不接受假定也不容忍伪造的概念，而是在且只能在真实的元素中重新建立作品。这一立场将真正且恰当的修复与形式性的干预区分开来，但同时在原则上和某些条件下，允许它们同时参与建筑遗产的保护行动中"。这一提法既肯定了保护利用需要建立在对文化遗产真实性保护的基础上，也说明了其具体措施与手法的多样性与矛盾性。这一问题的研究，既要回溯历史与当代的理论与实践，挖掘其自身的历史、演化与路径，也要关注新植入的必要性、依据和原因。

在平面的重布中，主要面对的功能包括接待、公共服务、基础服务和可达性设计，都是通过"加法"而不是"减法"来完成的，以便不失去哪怕是历史"物质"的碎片。延庆砖石长城研究段保护利用的平面布置，依然采用了现存流线的部分，以减少对环境的影响（图7-15）。在104号敌台北侧原登城处与北侧小门之间的间墙东侧（内侧），增加了一条线条简单的现代木栈道，使参观者可以近距离欣赏与观察墙体的同时，也恢复登城小门的历史用途，使参观者与古人的行进路线在此处合一。小门内侧已经坍塌的小空间，一侧设置自承重的钢结构木踏板楼梯，另一侧采用块石顺坍塌坡度铺砌，对长城不构成任何损坏。这不仅构成了连接新旧事物的一个重要的形式元素，也是对遗址生命的保证（图7-16）。

就保护和植入装置之间的具体关系而言，不从物质或直接干预的角度，而是从历史营造物和考古遗址"表达"的角度，需要考虑的是引导和安全，涉及选择材料和构件的设计。这些材料和构件需要在耐久性方面适用于场地与环境，无论是在室内还是在室外，以及在美学上的兼容性。对于注定要出现在人们视线中的设备设施或者构件来说，它们应当具有当代工业设计的所有特征。这些材料注定要经历长期的严格测试，并与考古材料进行比较，通常能够挑战几个世纪而不会发生劣化，因为劣化会使其在形象、效率和材料一致性方面迅速恶化，效果大打折扣。延庆砖石长城研究段植入的装置仅包括栈道、楼梯与栏杆，一方面由于研究段的长度十分有限，不具备综合考虑公共服务、基础设施

图7-16　研究段104号敌台北侧登城木栈道及整体效果

图7-17　104号敌台北侧登城木栈道及栏杆的冬季效果

的条件；另一方面也在于限制植入的体量，不分散对历史营造物的关注与兴趣。材料上，栈道选择经过处理的耐候木材为主；楼梯与栏杆则选择耐候钢作为结构的主要材料，这种钢材除强度和耐久性好之外，还能够随时间的推移，外观产生某种微妙的变化，表达出时间的印记（图7-17）。

　　关于保护利用中新旧之间的关系，意大利著名建筑师、修复理论家乔瓦尼·卡博纳拉总结过一个分类，包括对立、协调与辩证关系。这些分类中，卡博纳拉并没有给出一个明确的优劣判断或者任何褒贬，而是希望看到"从单纯的物理靠近走向一种共存、互惠的形式互动，直到真正的融合模式；或者更确切地说，是二分法的融合……因为在每个分类中，人们可以找到不同的解决方案，但在倾听和尊重先前存在的能力方面肯定各有高明之处，但不影响干预的形式结果"。延庆砖石长城研究段楼梯与栏杆的植入设计，从根本上说是采用了"对比"的方式，使现代的建筑材料、建筑手法"进入"到历史营造物和环境中，通过"比较"的方式，让参观者可以比较出传统时代的构筑方式与现代构筑方式的不同。但这种对比的手法并非有意"漠视"或者"对立"，而是辩证地"补全"历史营造物的完整性。栏杆植入的位置与已经坍塌的垛口和女儿墙相一致。设计手法上，栏杆正是当代人参观历史营造物的一根"心理的拐杖"，借助视觉上当代栏杆作为"锚点"（图7-18），从而体会、观察与解读古代的信息，而不至于出现全身心处于陌生感的惶恐，或者失去时间参照物时观察的无力感。这种参观与设计中的陌生感、异域感等，可以和常见的长城展示中古代旗帜，以及身着甲胄的"士兵"相类比，过度的协调与恢复，反而使设计与展示模式固定化、单一化和模式化，从而失去了与当代生活的连接。

　　同样值得说明的还有间墙及敌台地面材料的选择。对于已经缺失方砖的部位，设计中并未简单选用尺寸、材料、工艺等设计手法，而是选择了与历史有距离，而与当今生

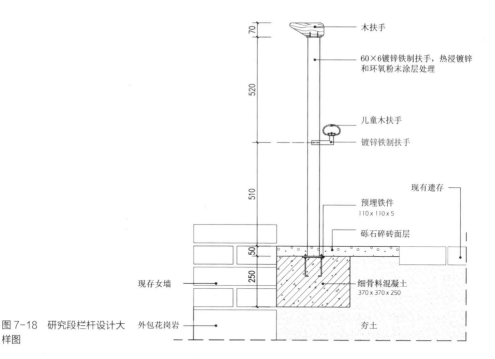

图 7-18 研究段栏杆设计大样图

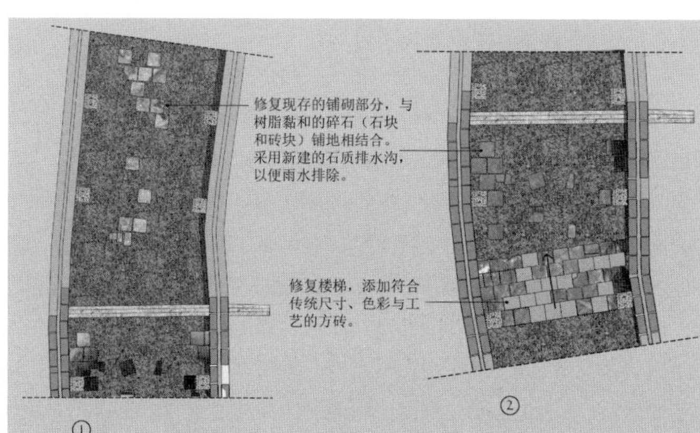

图 7-19 研究段地面的保护利用设计

活更贴近的材料与方式。该设计实际上是不同需求的创造性综合，以此回应现代功能需求或展示其正常且发挥作用的原始构件，旨在确保所有参观者在充分自由和安全的情况下最好地利用该历史营造物（图 7-19）。

这里的保护利用设计，是对修复和设计之间统一方法论的初步寻求。

参考资料

[1] 孙世芳. 宣府镇志（明嘉靖四十年刊本）[M]. 台北：成文出版社，1970.

[2] 张绍魁. 重修居庸关志（明万历十四年抄本）[M]. 台北：成文出版社，1968.

[3] 王士翘. 西关志[M]. 北京：北京古籍出版社，1990.

[4] 刘景纯. 明代九边史地研究[M]. 北京：中华书局，2014.

[5] 魏焕. 皇明九边考. 中国西北文献丛书[M]. 第三辑. 兰州：兰州古籍书店影印出版，1990.

[6] 刘效祖. 四镇三关志校注[M]. 彭勇，崔继来，校注. 郑州：中州古籍出版社，2018.

[7] 戚继光. 练兵实纪[M]. 邱心田，校释. 北京：中华书局，2001.

[8] 戚继光. 纪效新书[M]. 北京：人民体育出版社，2023.

[9] 戚祚国. 戚少保年谱耆编[M]. 李克，郝教苏，点校. 北京：中华书局，2003.

[10] 陈子龙. 明经世文编[M]. 北京：中华书局，1997.

[11] 茅元仪. 武备志[M]. 台北：华世出版社，1984.

[12] 宋应星. 天工开物译注[M]. 上海：上海古籍出版社，2016.

[13] 吴柏森. 明实录类篡：军事史料卷[M]. 武汉：武汉出版社，1993.

[14] 何宝善. 明实录长城史料[M]. 北京：北京燕山出版社，2014.

[15] 何士晋. 工部厂库须知[M]. 北京：人民出版社，2013.

[16] 顾炎武. 昌平山水记[M]. 北京：北京出版社，2018.

[17] 张廷玉. 明史[M]. 卷四十. 北京：中华书局，1974.

[18] 周硕勋. 延庆卫志略（乾隆十年抄本）[M]. 台北：成文出版社，1970.

[19] 顾祖禹. 读史方舆纪要[M]. 卷十七. 北京：中华书局，2005.

[20] 于敏中. 日下旧闻考[M]. 北京：北京古籍出版社，1983.

[21] 屠秉懿，张惇德. 延庆州志（光绪七年刊本）[M]. 台北：成文出版社，1968.

[22] 清朝工部. 清工部《工程做法则例》注释与解读[M]. 吴吉明，译注. 北京：化学工业出版社，2017.

[23] 延庆区文化委员会. 北京延庆明代长城研究[M]. 北京：新华出版社，2011.

[24] 河北省文物局长城资源调查队. 河北省明代长城碑刻辑录[M]. 北京：科学出版社，2009.

[25] 王岩. 长城艺文录[M]. 北京：北京出版社，2018.

[26] 毛佩奇，王莉. 中国明代军事史[M]. 北京：人民出版社，1994.

[27] 赵现海. 明代九边长城军镇史：中国边境假说视野下的长城制度史研究[M]. 北京：社会科学文献出版社，2012.

[28] 梁思成.《营造法式》注释[M].北京：生活·读书·新知三联书店，2013.
[29] 潘谷西.中国建筑史[M].7版.北京：中国建筑工业出版社，2015.
[30] 中国科学院自然科学史研究所.中国古代建筑技术史[M].北京：科学出版社，1985.
[31] 李浈.中国传统建筑形制与工艺[M].上海：同济大学出版社，2015.
[32] 尤卡·约崎雷多.建筑维护史[M].邱博舜，译.台北：台北艺术大学出版社，2010.
[33] 肯尼斯·弗兰姆普敦.现代建筑：一部批判的历史[M].张钦楠，等译.北京：生活·读书·新知三联书店，2004.
[34] TORSELLO B P.La Materia del Restauro:Tecniche e teorie analitiche [M].Venezia:Marsilio editori, 1988.
[35] FEILDEN B M.Conservation of Historic Buildings[M].London: Routledge, 2003.
[36] DE VITA M.Architetture nel tempo:Dialoghi della materia,nel restauro[M].Firenze:Firenze University Press, 2015.
[37] CARBONARA G.Architetture d'oggi e Restauro:Un confronto antico–nuovo [M].Milano:UTET, 2011.
[38] 张依萌.明长城砖砌空心敌台类型与分期研究：以"蓟州镇""真保镇"为中心[J].北京：故宫博物院院刊.2019（2）：49-61，109.
[39] 贾亭立.中国古代城墙包砖[J].南方建筑，2010，6：74-78.
[40] 顾铁山.浅析迁西境内明代蓟镇包砖长城的修造情况[J].文物春秋.1998，2：71-72.
[41] 陆地.罗马大斗兽场：一个建筑，一部浓缩的建筑保护与修复史[J].建筑师，2006，8：29-33.

图书在版编目（CIP）数据

历史重塑与价值传承：昌镇居庸路长城的营造与保护 / 王兵著. -- 北京：中国建筑工业出版社，2024.12. -- ISBN 978-7-112-30293-2

Ⅰ.K928.77

中国国家版本馆 CIP 数据核字第 2024KN6815 号

责任编辑：毋婷娴　李　鸽
责任校对：赵　力

历史重塑与价值传承：昌镇居庸路长城的营造与保护
王兵　著
*
中国建筑工业出版社出版、发行（北京海淀三里河路 9 号）
各地新华书店、建筑书店经销
北京方舟正佳图文设计有限公司制版
廊坊市海涛印刷有限公司印刷
*
开本：787 毫米 × 1092 毫米　1/16　印张：$10\frac{1}{2}$　字数：200 千字
2025 年 3 月第一版　2025 年 3 月第一次印刷
定价：**56.00** 元
ISBN 978-7-112-30293-2
（43693）

版权所有　翻印必究
如有内容及印装质量问题，请与本社读者服务中心联系
电话：（010）58337283　QQ：2885381756
（地址：北京海淀三里河路 9 号中国建筑工业出版社 604 室　邮政编码：100037）